세계 지속가능발전 도시

ICLEI, 2012, Local Sustainability 2012: Showcasing progress. Case studies

IMPRINT ICLEI, 2012, Local Sustainability 2012: Showcasing progress. Case studies.
ICLEI Global Report · Analysis · Sustainability
PUBLISHED BY ICLEI – Local Governments for Sustainability World Secretariat
Kaiser–Friedrich–Str.7, 53113 Bonn, Germany. www.iclei.org
IN PARTNERSHIP WITH Charles Léopold Mayer Foundation for the Progress of Humankind ·
United Nations Human Settlements Programme UN–Habitat
STUDY AND EDITING TEAM Richard Simpson, Shay Kelleher, Monika Zimmermann,
Rüdiger von Krosigk, Steven Bland
GRAPHIC DESIGN Lieblingsform.com, Freiburg/Germany
PRINT Citydruck, Freiburg/Germany
Bonn, 2012

지속가능성 총서 02

세계 지속가능발전 도시

Local Sustainability 2012:
Showcasing progress — Case studies

ICLEI 지음
오수길 외 옮김

인천광역시 부평구는 민선5기에 이어 민선6기에도 지속가능
발전을 제도화하기 위해 행정체계를 개편하고 성과관리와의
연계를 추진하고 있다. 충청남도는 전국 지방자치단체로는 처
음으로 지속가능발전담당관실을 설치하고 지속가능발전지표
개발과 성과관리체계를 확립해가고 있다. 경기도는 전국 지방
의제21(Local Agenda 21) 추진과정을 선도해 온 '푸른경기21실천
협의회'의 지속가능발전지표 개발과 지속가능성 평가 작업을
조례로 제도화함으로써 지속가능발전지표와 지속가능성 평가
를 공식화하고 나섰다. 서울시 역시 그간 '녹색서울시민위원
회'가 맡아 왔던 지속가능성 평가를 '지속가능발전위원회' 설
치를 통해 제도화하였다.

한국의 지방 지속가능발전을 추진해 온 지방의제21 추진기구
들의 경험과 역사는 1992년 유엔환경개발위원회(일명 리우회의)의
결의와 권고로 시작되었고, 숱한 정치적 변동과 몰이해 속에서
도 20년을 축적해 왔다. 한편에서는 중앙정부는 물론 지방정부
의 소극적인 관여에도 불구하고, 시민사회의 이니셔티브를 바탕
으로 20년의 역사를 쌓아온 데 대해 전 세계 지방정부의 호기심

과 관심을 불러 일으켜 왔다. 다른 한편에서 내부적으로는 지방 지속가능발전을 안정적으로 추진할 수 있는 제도화에 대한 열망이 끊이지 않았다. 이런 상황에서 지방 지속가능성 추진과정의 제도화가 첫걸음을 내딛고 있는 것은 참으로 반가운 일이다.

이 책에 소개된 세계 지속가능발전 도시들의 특징은 세 가지로 정리해 볼 수 있다. 첫째, 지속가능발전과 지방의제21의 원칙을 도시계획의 전략과 목표에 통합시켜 왔다. 둘째, 중앙정부와 지방정부의 다층적 거버넌스를 법적, 재정적으로 뒷받침했다. 셋째, 다양한 이해당사자들의 참여를 적극적으로 이끌어내고 보장해 왔다.

인도의 자와하랄 네루 국가 도시재생 미션(JNNURM)은 지속가능발전 원칙과 지방의제21 원칙을 통합하여 지방정부의 도시재생 노력을 지역사회참여법과 정보공개법으로 지원했다. 일본의 이다(Iida) 시는 지방의제21 행동계획을 바탕으로 생태에너지를 위한 정책 리더십과 파트너십을 촉진시켰다. 프랑스 낭트(Nantes) 시는 지방의제21 원칙을 지속가능발전의 핵심적인 도구로 삼고, 장기적인 전략과 합의를 통해 정치적인 일관성과 장기적인 이니셔티브를 이끌어 왔다. 아이슬란드의 레이캬비크(Reykjavik)는 지방의제21에서부터 국가 차원의 국가행동계획, 나아가 유럽 2020 전략을 연계하여 녹색조달체계를 구축했다.

한국의 지방 지속가능발전은 가능한가? 2007년 지속가능발전기본법이 제정되면서 대통령자문 지속가능발전위원회 차원의 지방 지속가능발전 지원체계가 가동되기도 했지만, 중앙정부의 지속가능발전은 그 이상 진전되지 못했다. 지방의제21 체계가 크고 작은 모범사례를 만들어 내면서 명맥을 유지해 왔지만, 중앙정부의 승인이나 지원 없이 지방정부가 혁신적인 체계를 만들어 내는 것은 대단히 어려운 일이었다.

지속가능발전을 위해서는 통합적이고 장기적인 계획과 정책이 필요하지만, 자치단체장의 임기와 함께 계획과 정책은 단절되었고 이전의 성과는 거의 계승되지 못했다. 지방분권이나 지역혁신체계의 향상도 요원하지만, 지속가능발전을 위한 중앙정부의 법적·제도적 뒷받침은커녕 대형 국책사업과 지방재정이 매칭 펀드로 연결되는 구조에서는 독자적인 계획과 정책은 물론 지방재정만 축내는 악순환이 반복되곤 했다. 혁신적인 자치단체장, 지방 공무원, 지역 시민사회나 주민들의 실험적인 아이디어는 '성과'를 명분으로 중앙정부의 최고 정책결정자, 예산 부서, 의회, 토건 세력 등의 이중 삼중의 평가와 견제 속에서 살아남기 어렵다.

중앙정부든 지방정부든 정책결정자가 바뀌면, 단절적이고 파편적인 정책 아이디어가 갑작스럽게 추진된다. 이런 아이디어는 대부분 개발연대의 경로를 따르기 마련이다. 정책문제에 대한 진단은 비슷해 보이지만, 강바닥을 훑어내고 강을 준설하려 할 뿐 강의 흐름을 보지 못한다. 환경을 경제에 이용하려 할 뿐 균형점을 찾아내려 하지 않는다. 안전을 위해서는 경제구조도 사회적 포용과 조화도 환경의식도 문화도 검토되어야 하지만, 사고나 재해가 발생하면 '총체적인 난국'만 지적될 뿐 어떤 연결고리도 찾지 못한다. 왜곡된 형태로나마 한 때 환경과 경제를 접목시켜 보려 한 시도가 있었고, 이제 환경과 복지를 접목시켜 보려 하고 있으니 그나마 1차원적 사고에서 2차원적 사고로까지는 발전했다고 볼 것인가.

미국의 포틀랜드(Portland) 시는 지속가능성을 경제성장의 엔진으로 삼아 왔지만, 얄팍하고 단기적인 처방과는 거리가 멀다. 일찍이 1979년 '도시성장의 한계'를 인정하고, 오랫동안 도시의 지속가능성을 위한 혁신적인 접근방법을 발전시켜 오면서 현명한 의사결정과 투자를 이끌어 왔던 것이다. 지속가능성기획국을 설치하고 경제개발전략을 마련했지만, 이는 포틀랜드 개발위원회나 '경제내각'과 같은 구조를 통해 이해당사자들의 적극적인 참여에 기반한 것이었다.

브라질의 베찡(Betim) 시는 무허가 주거지와 주민들을 복지의 대상으로만 보지 않고, 경제적·사회적·환경적 곤궁이라는 통합적이고 총체적인 관점에서 접근함으로써 사회적 포용과 삶의 질을 진전시키면서도 궁극적으로 경제적 이익과 함께 환경도 개선할 수 있었다. 또한 지역기업들과의 협력을 통해 기본 서비스와 인프라를 제공하면서도 지역공동체의 노력 자체에 동기를 부여하였다.

캐나다의 토론토(Toronto) 시는 1992년 토론토 대기기금의 신설 이후 기후변화에 대한 인식과 행동의 오랜 역사를 보여 왔기에 광범위한 기후적응 전략을 개발할 수 있었다. 또한 사후처방식 정책이 되지 않도록 기후변화 위험평가도구를 개발함으로써 시의 중요 자산을 파악하고, 시의 핵심적인 프로그램과 서비스 전달 능력에 미칠 영향을 항상 점검할 수 있었다. 마찬가지 맥락에서 호주의 멜버른(Melbourne) 시 역시 기후변화와 적응 전략에 대한 인식을 바탕으로 생태도시의 비전을 수립하고, 이를 이행하기 위한 법적·제도적 역량을 발전시켜 왔다. 환경개선 협약, 지속가능한 멜버른 펀드 그리고 이해당사자들과의 협의 과정을 거쳐 마련한 미래 멜버른 계획 등이 그것이다.

이 책은 ICLEI에 보고된 지방 지속가능발전의 세계적인 우수 사례 14개를 담고 있다. 도시의 지속가능성을 선도하는 지방정부의 역할을 중심으로 특정한 프로그램, 이니셔티브, 정책이나 조치 등을 다루고 있다. 각 사례는 생태도시 기본계획과 포괄적인 도시전략, 거버넌스와 서비스 개선, 저탄소와 재생에너지 개발, 기후 복원력과 기후변화 적응, 생물다양성과 생태계 보호 및 관리, 도시경제와 인프라의 녹색화 등의 세부 주제별 대표적인 사례다.

이들 사례는 ICLEI가 지속적으로 발굴하고 있는 지방 지속가능성 사례연구 시리즈 중 138번에서 151번 사례에 해당하는 것이다. ICLEI 홈페이지(www.iclei.org/casestudies)에는 2014년 9월 현재 170번째 사례가 소개되어 있는데, 2012년 6월 ICLEI 세계총회를 앞두고 당시의 최신 사례들을 요약한 ICLEI 보고서 「지방 지속가능성의 진척 소개: 사례 연구(Local Sustainability 2012: Showcasing Progress – Case Studies)」를 우리말로 옮긴 것이 이 책이다. 그럼에도 이들 사례는 각 주제별로 여전히 인용되고 언급되는 사례들이다. 즉 당시 ICLEI가 향후 20년 도시의 세기를 열어 나갈 도시의 8대 핵심 주제로 지속가능한 도시(멜버른), 복원력있는 도시(토론토), 저탄소 도시(도쿄), 생물다양성 도시(케이프타운), 자원 효율적인 도시(타네), 녹색 도시 인프라(르자오), 녹색 도시경제(레이캬비크), 건강하고 행복한 공동체(베쩡) 등을 제시한 바, ICLEI 홈페이지에 각 주제별 대표 사례로 예시되어 있는 것들이다.

이 책은 2012년 ICLEI 세계총회 때 배포된 ICLEI의 또 다른 보고서를 우리말로 옮긴 『세계 지방의제21, 20년사(Local Sustainability 2012: Taking stock and moving forward – Global review)』(리북, 2013)과 함께 읽을 필요가 있다. 『세계 지방의제21, 20년사』가 1992년

리우회의 이후 지방의제21이 세계 지방 지속가능성 운동과 추진과정에서 어떻게 기여해 왔고, 어떤 원칙들을 발전시켜 왔는지를 개괄한 책이라면, 『세계 지속가능발전 도시』는 각 사례 도시들이 지속가능발전과 지방의제21의 원칙을 바탕으로 도시의 난제에 대응해 온 과정과 성공 요인들을 제시해 주고 있는 책이기 때문이다.

이 책이 제시하고 있는 그 원칙들을 세계 지속가능발전 도시들의 각 사례에서 확인해 보는 것이 이 책을 읽는 목적이 될 것이며, 그 원칙들은 한국에서, 또한 우리 지역에서는 어떻게 적용되어 왔으며, 어떻게 적용되어야 할 것인지를 교훈으로 얻을 수 있을 것이다.

첫째, 지방의 지속가능발전을 체계적이고, 총체적이며, 통합적으로 추진하기 위해서는 도시의 계획과 전략 속에 제도화해야 한다.

둘째, 다양한 이해당사자들과 함께 지방의 상황을 다각도로 진단, 평가하여 달성 가능하고 측정 가능한 목표와 수단, 기간을 설정해야 한다.

셋째, 지방 지속가능발전의 전략과 목표를 설정하고 추진력을 확보하기 위해 이해관계의 조정, 우선순위의 확인, 공동의 비전 개발 등 정치적 지원과 약속이 필요하다.

넷째, 지방정부의 정책과 제도설계에 더욱 통합적이고 총체적으로 접근함으로써 통합과 보완 전략을 모색해야 한다.

다섯째, 지방정부는 지역사회의 광범위한 참여를 보장할 수 있는 기본 조건을 마련하여 공동의 노력을 설계해 나가야 한다.

여섯째, 지방정부의 잠재력을 극대화하여 지방 지속가능발전을 핵심적으로 추진하고 촉진할 수 있도록 중앙-지방의 다층적인 거버넌스 시스템을 효과적으로 구축해야 한다.

일곱째, 국가적·국제적 도시 간 파트너십을 구축하여 지방정부조직들의 경험과 지식을 체계적으로 교환하고 공유해야 한다.

여덟째, 녹색 도시경제로의 전환에서부터 중앙정부의 다자간환경협약 이행을 지원하는 데까지 이르는 중요한 역할을 수행하기 위해 지방정부는 진척 과정을 측정하고 보고할 수 있는 역량을 갖춰야 한다.

아홉째, 녹색 도시경제를 추진할 수 있는 핵심적인 역할을 맡고 있는 지방정부는 녹색경제로의 전환을 위해 필요한 틀과 조건을 마련해야 한다.

열째, 세계의 난제에 대응하려면 도시 행동을 위한 지방정부의 역할을 인정하고, 지방정부의 경험과 조건을 국가 도시개발 전략에 통합시키며, 국제 수준의 틀을 마련해야 한다.

도시가 중요하다. 미츠로 마키노 이다(Iida) 시장은 "이 책은 지방의제21이 여전히 살아 있고, 전 세계 도시의 지방정부에 의해 추진되고 있다는 증거를 보여준다."고 말했다. 세계의 지속가능성은 도시의 지속가능성에 달려 있고, 도시 지속가능성의 위기를 피하기 위해서는 지방정부의 좀 더 야심찬 비전과 목표가 필요하다. 통합적이고 총체적인 접근방법이 도시계획과 의사결정에 적용되어야 한다.

협력적 거버넌스가 중요하다. 사례연구는 하나같이 다양한 행위자들의 참여를 통해 도시의 난제에 대응해 왔음을 제시해 주고 있다. 협력적 거버넌스는 1992년 리우회의 이후 20여 년 동안 합의되고 추구되어 온 지속가능발전과 지방의제21의 핵심적인 원칙이다. 지방정부의 정책, 프로그램, 행동은 협력적 거버넌스를 통해 조정될 때 효과적이었다.

제도화가 중요하다. 지속가능발전 행동이 조직적, 제도적, 행정적 과정으로 정착될 때 더욱 성공적인 것으로 나타났고, 장기적인 경로에 안착하게 된다. 지속가능발전 정책을 뒷받침하고 체계적으로 추진할 수 있는 행정부서나 조직구조가 마련되었고, 확고한 비전과 전략, 이행계획을 수립함으로써 정치적 임기를 넘어 지속가능발전 도시를 만들 수 있었다. 부문별로 파편화되지 않도록 법적 근거와 지원이 필요했고, 중앙과 지방의 총체적인 접근이 필요했다.

정보와 지식의 공유 그리고 국제적인 연대가 중요하다. 도시의 상황과 특성을 지속적으로 검토하고 진단할 최신의 정보가 유지되고, 이런 분석과 평가의 도구 개발이 이뤄졌으며, 교육과 훈련, 지식공유가 강조되었다. ICLEI같은 조직들이 지방정부들에게 확신과 아이디어를 확산시켜 주었으며, 선의의 경쟁도 유도하였다.

세계는 지금 21세기를 열었던 '새천년개발목표(MDG)'를 대체할 새로운 지구적 목표로 '지속가능발전목표(SDG)'를 수립하기 위해 머리를 맞대고 있다. 2012년 유엔지속가능발전회의(일명 리우+20회의)는 SDG의 수립해 나가는 데 합의하는 한편, '지속가능한 소비와 생산 프로그램 10개년 계획(10 YFP on SCP: The 10 Year Framework of Programmes on Sustainable Patterns of Consumption and Production)을 공식적으로 채택한 바 있다. MDG가 세계 최빈국들의 빈곤 경감에 주로 초점을 맞췄다면, SDG는 개인의 소비에서부터 생산에 이르기까지, 선진국에서 개도국까지, 중앙정부에서 지방정부에 이르기까지 생활양식의 변화, 각 부문과 계층을 비롯한 전 세계의 참여를 강조하고 있다. 다시금 사람들의 일상생활과 가장 가까운 단위의 거버넌스를 이끌어 갈 지방정부와 지방의 지속가능발전이 중요하다는 것을 인식해야 한다.

앞서 나온 책 『세계 지방의제21, 20년사』와 마찬가지로 이 책 역시 여러 사람의 공동 작업이다. 특히 푸른천안21실천협의회의 자원봉사자, 활동가들이 정기적으로 모여 지방 지속가능성에 대한 토론과 함께 공부해 온 과정이 소중했으며, 이에 감사한다. 또한 제도적인 뒷받침은 거의 없지만, 전국 지방자치단체와 지방의제21 추진기구들의 다양한 목소리들을 반영하고 조정하는 데 헌신하고 있는 전국지속가능발전협의회 오병용 사무총장님과 김현순 국장님께 위로와 감사의 인사를 드리고 싶다. 그리고 ICLEI의 보고서를 소개, 보급할 수 있도록 ICLEI 세계본부와 다리를 이어 준 ICLEI 한국사무소 박연희 소장님께도 감사드린다. 마지막으로, 짧은 시간에 많은 것을 배려해 주신 리북출판사 이재호 대표님께 감사드린다.

13

2014년 9월
역자를 대표하여
오 수 길

파트리샤 드 릴레 (PATRICIA DE LILLE)

케이프타운(Cape Town) 행정부시장

급속히 도시화되는 세계에서 도시와 지방정부는 지방과 지구 환경문제를 다뤄야 할 중요한 역할을 담당한다. 촉진자이자 법률 제정권자로서 지속가능성 이니셔티브의 개척자들에게 일정한 틀을 마련해준다. 이들은 또한 지방행동의 주도자가 될 수 있다. 케이프타운의 경우 도시의 생물다양성을 유지해온 우리의 경험은 지방정부에 의한 다양한 접근방법이 전 세계에 좋은 예시가 된다. 지방 지속가능성 이니셔티브에 관한 이 귀중한 연구에 케이프타운이 다뤄진 것을 기쁘게 생각한다.

제임스 은꾸말로 (JAMES NXUMALO)

이텍퀴니(Ethekwini) 시장

이 사례연구 시리즈는 지방정부가 지구적 도전을 다룰 중추적인 행위자로 인정받기 위한 중요한 작업이다. 아프리카 도시들이 기후변화에 맞선 싸움의 최전선에 있다. 기후변화, 해수면 상승, 극단적인 기후 패턴이라는 맥락에서 도시는 복원력을 갖추고, 위험을 감소시키며, 인프라와 서비스에 기후 내구력을 부여할 필요가 있다. 이텍퀴니에서 기후적응은 지방정부 정책 측면에서 중요하다. 우리는 기후적응 전략이 도시의 전체 기획과 제도적 틀의 통합적인 일부가 될 필요가 있다고 믿는다. 우리 사례가 이런 귀중한 연구에 인용되어 매우 기쁘게 생각한다.

자나쿱하이 코탁 (JANAKBHAI KOTAK)
라즈코트 도시공사(Rajkot Municipal Corporation) 사장

지방정부가 행동에 나서기 위해서는 이를 가능하게 하는 핵심적인 기본 조건들을 지역이나 중앙정부가 마련해 주는 것이 필요하다. 지방정부가 도시개발의 도전을 적절히 다루려면 광범위한 국가 제도 및 법령 체계가 얼마나 필수적인지를 인도의 도시개혁 전략은 보여준다. 우리의 지구적 도전에 대한 지방정부의 역할에 대한 논의에 인상적인 성과를 담은 이 시리즈는 사례 연구의 다양성과 성과에 대한 증거이다.

수닐 포티 (SUNIL POTE)

타네 도시공사(Thane Municipal Corporation) 부사장

우선 이 책이 제공하는 훌륭하고 예시들을 인정하는 것이 중요하다. 타네에서 우리는 온실가스 배출을 줄임과 동시에 오랫동안 태양에너지 이용을 장려해 왔다. 지속가능한 도시개발을 위한 중요한 지방정부의 활동이다. 에너지 수요가 급속히 증가하고 있는 인도에서는 특히 재생가능한 기술을 장려하는 정책이 이제 도시개발의 중요한 일부가 되었다. 이 시리즈에 우리의 노력이 소개된 것을 기쁘게 생각한다.

미츠로 마키노 (MITSURO MAKINO)

이다(Iida) 시장

우리의 이다에서의 세부적인 현장에서 출발하는 에너지 관리 접근방법을 혁신적으로 시도가 이 시리즈에 소개된 것을 자랑스럽게 생각한다. 이 책은 지방의제21이 여전히 살아 있고, 전 세계 도시의 지방정부에 의해 추진되고 있다는 증거를 보여준다. 리우+20을 준비하면서 논의를 조직하는 데 중요하게 기여할 것이다. 이다 시는 지방 수준의 지속가능한 에너지 개발에 시민 참여가 차지했던 중요한 역할을 크게 주목해 왔다. 다른 도시들이 따를 만한 반복 가능한 사례가 되길 희망한다.

테루유키 오노 (TERUYUKI OHNO)

도쿄도 환경국(Bureau of Environment, Tokyo Metropolitan Government) 국장

세계에서 가장 큰 도시에 있는 우리는 세계 사람들에게 가장 근접한 수준의 거버넌스인 지방정부가 취하는 미래의 행동이 지구에 긍정적인 영향을 끼칠 수 있다고 굳게 믿고 있다. 이 책은 기후변화 문제를 다루는 지방정부의 필수적인 역할을 보여주는 것으로, 오랜 현안이다. 도쿄에서 우리의 노력은 그린빌딩 부문과 에너지 효율성 제고의 경제 기반 이니셔티브로 특징지을 수 있다. 이 사례연구 시리즈를 통해 우리의 경험을 공유하게 되어 기쁘다.

장-마르크 아이로 (JEAN-MARC AYRAULT)

낭트(Nantes) 시장

세계 인구의 약 50%가 도시에 살고 있기에 도시는 문제이자 해결의 핵심이다. 도시의 지속가능성을 촉진하는 도시의 노력 그리고 도시 지역이 지구적 도전에 맞서는 역할은 종종 인정받지 못했다. 유럽녹색수도상(European Green Capital Award)을 수상한 낭트의 성공은 환경 이니셔티브를 이어가고 우리의 성공을 시민과 공유할 지방정부들에게 하나의 횃불이다. 이 연구시리즈는 지방 행동의 다양한 모습을 제공하고 도시 지속가능성에 대한 도시의 역할에 대한 인식 뿐 아니라 또한 지속가능한 도시개발의 중요성에 대한 담론에 좋은 성과를 제공한다.

마리아 도 카르모 라라 페르페투우 (MARIA DO CARMO LARA PERPÉTUO)
베찡(Betim) 시장

ICLEI의 지방 지속가능성 사례연구 시리즈는 리우+20회의의 논의를 풍부하게 하는 반가운 출판물이다. 우리가 베찡의 지속가능발전을 추구해 왔지만, 종종 개발도상국에서 그런 것처럼 사회적 지속가능성이 중대한 난관이다. 나는 베찡의 특수한 쟁점이 추가되고, 지역사회와 도시정부 간의 공동 협력을 통한 베찡의 지방행동이 지역주민을 위한 사회적, 환경적, 경제적 개선을 어떻게 이뤄왔는지 소개하게 된 것을 환영한다.

하비에르 두아르테 데 오초아 박사 (DR. JAVIER DUARTE DE OCHOA)
베라크루즈(Veracruz de Ignacio de la Llave) 주지사,

ICLEI 멕시코 집행위원회 위원장

우리의 공존, 보전, 유산에 영향을 끼쳐 왔던 지난 몇 년 간의 경험으로 인해 기후변화는 베라크루즈 시민들에게도 중요한 쟁점이다. 이런 현상에 직면한 것은 큰 도전이며, 기후변화에 대한 우리의 적응에 영향을 주고, 재생에너지의 이용을 장려하고, 저탄소 녹색경제로 이동하며, 사람들의 복지를 보장할 수 있는 정책을 개발하는 일에 지방정부가 나선 것이다. 지방정부와 함께 기후변화에 대응하기 위해 노력하는 것은 중요한 과제이며, ICLEI가 맡고 있는 중대한 과업이다. 우리의 행동에 책임감을 갖고 기여한다면, 지구적 차원에서 경쟁력 있고 지속가능한 국가로 성공리에 이끌어 갈 수 있다. 우리는 그것이 쉽지 않은 일임을 알고 있다. 그러나 함께 한다면 우리의 지방정부들이 번영의 건전한 토대를 세우기 위한 경로를 도출할 수 있을 것이다.

샘 애덤스 (SAM ADAMS)

포틀랜드(Portland) 시장

도시경제를 녹색화하는 것이 지속가능한 성장을 달성하는 데 근본이 된다. 도시가 상업과 사람들의 생명유지를 위한 집결지이기 때문에 저탄소 경제와 건강한 공동체로의 전환을 가속화하는 것이 중요하다. 이 연구는 도시 지속가능성을 포괄적으로 검토하고 있다. 포틀랜드의 지속가능한 경제개발 전략은 현재와 미래의 경제적, 사회적, 환경적 난관을 다룰 하나의 유망한 방법, 즉 3대 축(triple bottom line) 접근방법을 제시한다.

로버트 도일 (ROBERT DOYLE)

멜버른(Melbourne) 시장

브라질의 주거지문제에서부터 레이캬비크의 조달에 이르기까지 지방 지속가능성 사례연구 모음집이 지방 기반의 도시 지속가능성 행동과 관련된 풍부한 정보를 훌륭하게 전하고 있다. 나는 각 지역에서 지속가능성 이니셔티브를 개척하고 있는 다양하고 독특한 사례들과 함께 멜버른이 소개된 것을 자랑스럽게 여긴다. 인구증가와 경제성장이라는 맥락에서 지속가능한 도시개발 전략을 추구하는 것이 멜버른 도시전략의 핵심적인 특징이다. 물론 이를 달성하기 위해서는 이 연구가 충분히 강조하고 있는 것처럼 지방정부의 역할이 필수적이다.

■목 차

서론

지속가능성을 향한 여정은 한 걸음부터 그리고 어디로 갈 것인지에 대한 비전으로 시작한다. 파편적인 행동과 임시적인 대응으로는 충분하지 않다는 것을 전 세계 도시들이 이해해 왔다. 이들의 행동이 좀 더 야심찬 비전과 목표를 향한 우호적인 경쟁 속에서 가속화되고 있다. 그들은 21세기의 환경적, 사회적, 경제적 도전에 맞서는 최고의 도시가 되고자 한다. 이들 여정은 공약, 리더십, 합의와 참여과정 그리고 도시 거버넌스와 운영의 지속적인 개선을 통해 이루어져 왔다.

12개의 사례연구는 주제와 지역을 고려하여 선별되었고, 좀 더 큰 지속가능성을 향한 성공적이고 선도적인 도시들의 여정을 보여준다. 그리고 두 개의 사례연구는 주정부와 중앙정부가 지속가능한 도시개발의 기본 조건을 만들어낸 예시다. 이 사례들은 오늘날과 내일의 도시 지속가능성 난제를 받아들이고 맞서는 데 주저하지 않는 노력을 보여준다.

2050년의 도시의 미래를 볼 때 90억 명의 3분의 2가 도시지역에서 살게 될 것이고, 현재 도시용량의 두 배가 필요하다. 40

년도 남지 않았다. 이런 도시화의 함의는 아무리 강조해도 지나치지 않는다. 이 모든 사람들이 일자리, 식량과 물, 주택, 교통, 위생 그리고 사회서비스를 필요로 한다. 도시는 인프라와 기업에 대한 자본 투자 그리고 사람을 위한 장소다. 도시지역은 소득격차의 확대, 사회서비스 전달의 결핍, 다양한 기후 영향, 재해, 에너지, 식량과 물 안보 그리고 생태계 악화를 비롯한 위험에 취약하다. 도시화가 진행되면서 잘 관리되지 못하기 마련이며, 도시의 위기를 피하기 위해서는 지방정부의 대응이 필요하다. 세계의 지속가능성은 도시 미래의 지속가능성에 달려 있다.

도시와 지역사회의 지속가능발전이 중요하다. 도시의 지속가능발전을 위해서는 단기적, 중기적 그리고 무엇보다도 장기적으로 환경을 보전하면서도 개인의 삶의 조건을 향상시켜야 한다. 경제적으로 효율적이고, 사회적으로 공정하며, 환경적으로 지속가능한 도시를 가진 도시의 미래가 그 목적이다. 튼튼한 로컬 거버넌스, 효율적인 교통과 통신 네트워크, 그린빌딩, 효율적인 인간 정주와 서비스 전달체계, 개선된 대기와 수질, 쓰레기 감소, 생산적인 생태계와 생물다양성 보전, 개선된 재해 대비와 대응 그리고 복원력 증가를 비롯하여 통합적이고 총체적인 기획과 의사결정을 통해 지속가능한 도시가 구축될 필요가 있다.

여기 **선정된 사례연구**는 도시가 어떻게 좀 더 지속가능하게 될 수 있었는지를 설명하기 위해 전 세계의 자문을 거쳐 확인되고 수집되었다. 6개 대륙에서 오스트레일리아, 브라질, 캐나다, 중국, 프랑스, 아이슬란드, 인도, 일본, 멕시코, 남아프리카공화국에서 14개 사례가 선정되었다. 이들 사례는 다양한 최신의 주제 그리고 도시의 지속가능성을 선도하는 지방정부의 적극적이고 확고한 관여를 보여주고 있다. 각 사례는 특정한 프로그램, 이니셔티브, 정책 또는 조치에 초점을 맞추고 있다.

지역의 선구자로 간주되는 이들 도시는 정치적 임기를 넘어 오랫동안 지속가능성 의제를 발전시켜 왔고, 대의와 창의성을 일관되게 보여 왔다. 그리고 지방정부의 전통적인 역할의 한계를 확장하고 도시의 난제를 다루는 혁신적인 새로운 방법을 생각해 내는 용기를 보여주었다.

다음과 같은 도시 지속가능성의 핵심적인 세부 주제들이 선택되었다.

- 생태도시 기본계획과 포괄적인 도시전략
- 거버넌스와 서비스 개선
- 저탄소와 재생에너지 개발
- 기후 복원력과 기후변화 적응
- 생물다양성과 생태계 보호 및 관리
- 도시경제 및 인프라의 녹색화

이 책에 제시된 사례연구는 전체 보고서의 요약으로서 전체 보고서는 ICLEI 홈페이지에서 사례연구 138-151편을 보면 된다(www.iclei.org/casestudies). 이 연구는 『세계 지방의제21 20년사(Local Sustainability 2012: Taking stock and moving forward − Global review)』(리북출판사, 2013)의 자매편으로서 도시들이 대응해 온 난제, 그들의 핵심적인 성과물, 과정과 참여자들 그리고 성공 요인을 개괄

적으로 검토한다. 당면한 또는 잠재적인 환경적 난관들을 다루
는 것이 도시를 생명력있고 살고 싶은 매력적인 곳으로 만드는
데 중요하다.

20년 전에 확인된 원칙과 의제21(Agenda 21)의 제28장, 즉 '지
방의제21(Local Agenda 21)'에 공식화된 원칙들이 여기 제시된 사
례들에서 강조되고 있는 핵심 원칙과 일맥상통하고 있다. 고립
적인 접근방법 대신에 총체적인 방법으로 참여와 이해당사자
과정을 포함하는 수평적, 수직적 거버넌스 안에서 행동이 취해
졌다. 무엇이 핵심 원리가 되었는가? 누가 추진하고 가능하게
하고 이행하는가? 지방의제21 이래 20년 동안 어떤 다양한 접
근방법이 존재했는가?

지방정부의 역할은 지난 20년 동안 **끊임없이 변화해 왔다.**
그리고 선정된 사례들은 지방정부가 어떻게 선도해 올 수 있었
는지, 강력하게 추진한다면 행위자, 추진자, 촉진자로서 어떻게
지속가능성 의제를 진전시킬 수 있는지를 보여준다. 지방정부
는 정책, 프로그램, 행동이 다른 행위자와 이해당사자들과 조정
되고 협력될 때 특히 효과적이었다.

25

전 세계적으로 수만 개의 도시 및 지방정부가 존재한다. 그
리고 사례 도시들은 선도적인 지역적 선구자들임을 기억하는 것
이 중요하다. 많은 도시와 지방정부가 이 책의 사례도시들보다
더 많이 생태발자국을 줄이고 복원력을 높이며 훨씬 더 앞섰을
수도 있다. 하지만 더 많은 그리고 아마도 대부분의 도시지역은
지속가능한 도시개발로의 전환 과정에 막 들어섰을 뿐이다.

사례 도시의 성과를 보여주는 것은 척도와 지표의 복잡성 그리고 이것을 특정한 행동과 연계하는 문제로서 **여전히 주요한 난제로 남아 있다.** 다양한 접근방법이 개척되고 있고, 이전보다 더 많은 성과가 기록되고 있다. 기후 완화와 적응 행동뿐만 아니라 온실가스(GHG: greenhouse gas) 배출을 측정하고 기록할 '도시기후등록부(carbonn Cities Climate Registry)'가 하나의 예다. 하지만 여전히 대부분의 지역이 지방행동에 대한 성과지표를 갖고 있지 않고, 가용한 경우라도 인력이나 전문지식의 부족으로 적용하지 못하고 있다. 행동과 결과가 대개 개선에 대한 구체적인 계량적 척도 없이 설명되곤 한다. 점검, 평가 그리고 성과측정에 대한 접근방법의 개선이 좀 더 야심찬 목표 행동을 확인하고, 검토하며, 설계하기 위한 미래의 중요한 의제로 남아 있다.

진전을 이끌어 온
접근방법, 행위자, 수단의 다양성

선정된 사례연구에서의 진전은 다양한 접근방법과 수단을 통해 그리고 지방수준에서 도시의 환경적 난제에 대응하기 위해 다양한 행위자들을 참여시킴으로써 **선도되었다.** 이런 다양성에도 불구하고 몇 가지 중요한 공통점과 결론이 도출될 수 있다. 하나의 비전을 추동하려면 정치적 지지와 참여가 필요하다. 이런 추진력을 통해 각 부문은 좀 더 폭넓은 과정으로 제도화되고 서로 연계된다. 이에 대응하여 효과적인 이행을 위한 구조적인 조건이 마련되거나 만들어져야 한다. 그리고 어떤 행동과 과정도 민과 관의 지지로 접합될 필요가 있다.

그것은 도시의 지속가능성을 향한 긴 여정에 나서고, 참여하고, 구상하며, 첫발을 내딛는 **변화의 추진자와 함께 시작된다.** 사례마다 통찰력이 있는 지방 지도자, 야심찬 목표를 통과시키는 지방의회, 전향적으로 사고하는 정부 부처와 시민들 그리고 이해당사자들의 이니셔티브가 존재했다. 특히 지방의 환경부서나 담당부서는 새로운 지속가능성 의제를 설정하는 데 핵심적인 역할을 담당해 왔다. 동시에 지역사회, 시민사회 그리고 개인들의 역할을 빼놓지 말아야 한다. 이들은 투표의 힘을 갖고 있고, 개선을 주창하기도 한다. 주정부와 중앙정부는 특히 인센티브와 법적인 틀이라는 조건을 제공할 때 적절한 역할을 담당하는데, 선도적이고 지대한 영향을 끼칠 지방행동을 촉진한다.

지속가능성의 추진은 개별 공동체의 행동이 조직적, 제도적 또는 여타의 행정적 과정으로 정착될 때 더욱 성공적일 것이다 (이다(Iida) 시민들은 지방정부와 협력하여 태양열 회사 기금을 조성했다.). 특정한 권한을 가진 부서나 여타의 조직구조를 통해 지속가능성 추진을 제도화하면 도시 지속가능성의 추진을 체계화할 수 있다. 이는 도쿄(Tokyo)의 환경국, 베라크루즈(Veracruz) 주의 환경부, 더반(Durban)의 환경기획기후보호과의 사례에서 볼 수 있다. (이 사례연구들에서 볼 수 있는 것처럼) 중요성이 작아 보일 수도 있는 광범위한 지속가능성 추진 이니셔티브에 이런 기관을 좀 더 연계시키면, 도시의 지속가능성을 향한 노력들을 좀 더 크고 더욱 끌리는 여정으로 구축할 수 있다.

지방정부는 시민사회와 여타의 행위자들이 도시에서 좀 더 지속가능하게 활동할 수 있게 해주는 기본 조건들에 반응을 보이고 이를 창출하는 **중요한 역할로 인정받았다**. 동시에 지방정부의 활동은 또한 상층의 정부기 설정하는 기본 틀에 의존한다. 더욱이 지방정부는 도시를 경제적으로나 사회적으로 생명력 있게 유지하고, 살기에 매력적인 곳으로 만들 필요가 있다. 도시의 지속가능성을 위한 행동이 효과적으로 이행되기 위해서는 부상하거나 예견되는 난관과 추세를 따라잡고 처리할 정책, 입법, 조직의 변화가 필수적일 수 있다.

지방행동의 활성화를 위해 지방정부들이 만들어낸 제도적, 법적 기본 조건의 예시는 다음과 같다.

- 새로운 제도와 기관의 창출(포틀랜드가 경제발전 전략을 지원하기 위해 만든 지속가능성기획국과 경제 내각)
- 기존 법률(멜버른의 환경개선협약)과 규제(타네의 재생에너지 건축물 조례)의 수정
- 기존 절차의 조정(레이캬비크의 지속가능한 조달 기준)
- 성공의 평가, 지식의 정식화, 개선모니터링, 좀 더 효과적인 도시 관리를 위한 제도적 틀로 이들 정보를 통합(케이프타운의 자연자원에 관한 생물다양성 네트워크 도구와 전략, 토론토의 기후변화 위험을 분석하기 위한 혁신적인 도구)
- 종합계획의 개발(르자오의 생태도시 건설계획)과 거주지의 공식화(전기 공급을 위한 베찡의 파르키 두 세드루의 공식화)
- 정치적 임기를 넘어 도시의 지속가능성을 향상시키기 위한 장기간의 노력(낭트의 장기간의 개선)

지속가능성 이행을 위해서는 **이해당사자 참여**가 또한 중요하다. 이는 정보 제공, 교육 캠페인, 학습센터 그리고 특히 정책과 행동의 개발에 대한 참여를 통해 가능하고 공고해질 수 있다(예컨대, 베찡의 청정에너지 장려). 전문지식, 기술 개선 그리고 재원의 관점에서 민간부문과의 협력이 필수적이다. 지속가능성 이니셔티브에 대한 대중의 지지를 획득하고, 지방정부의 의사결정에 강력한 시민참여를 보장함으로써 시민의 소유권에 대한 확고한 의식을 제고하기 위해 시민사회를 참여시키는 것이 긴요하다.

각 단계마다 **행위자들의 다양성**은 이해당사자 참여가 왜 필수적인지에 대한 주된 이유 중의 하나이고, 성공적이고 효과적인 행동에 기여하는 핵심적 요인이다. 각 사례들은 지방과 세계의 지속가능성을 향한 큰 진척을 이뤄내기 위한 행동과 그 전개 과정에서 지방의제21 원칙을 보여준다. 지방의제21 운동에 명확히 표현된 원칙은 다양한 형태로 나타나는 의사결정의 지도원리로 재확인되었다. 도시 거버넌스에 대한 보편적인 접근방법으로 그 원칙이 흡수되어 왔음을 말해주는 것이다. 1992년 지구정상회담의 정신은 오늘날에도 여전히 살아 있고, 전 세계 도시에서 점진적으로 진화해 왔다.

목표로 정한 효과적인 메커니즘은 기준이 되는 최신의 정보에 달려 있다. 도시의 에너지 상황과 이용에 대한 평가(타네, 도쿄), 생물다양성 집중지역과 자연자본(케이프타운), 기후변화 취약성(토론토), 온실가스 배출 목록(베라크루즈), 경제적 이익(포틀랜드), 시장에 대한 녹색서비스의 가용성(레이캬비크) 등을 포함할 수 있다.

보완적이고 통합적인 정책과 프로그램 패키지를 통한 메커니즘이 좀 더 효과적일 수 있다. 도쿄의 기존 빌딩과 새 빌딩을 위한 배출권 거래제와 그린빌딩 프로그램이 그 예다. 민관 파트너십과 법률 개정을 결합하여 시민들이 기금을 조성한 재생에너지 회사(이다)가 또 다른 예다.

지방 차원을 넘는 거버넌스 구조가 지방행동을 가능하게 하고 지원할 수 있는 **매우 강력한 수단을 제공**할 수 있다. 예를 들어, 국가 주도로 지방이 반응을 보이는 인센티브 연계 과정(인도의 JNNURM), 지방의 혁신을 가능하게 할 상층의 거버넌스와 법령의 개혁(멜버른이 환경개선 협약을 실현하게 한 주정부의 법률), 지방 차원을 넘는 입법 구조와 제도적 틀의 설정(베라크루즈 주의 기후변화 프로그램), 상을 통해 도시의 개선을 인정하는 것(유럽위원회의 녹색수도상과 활기찬 마케팅의 성과로 낭트를 인정) 등이다.

사례들에 나타난 **국제적 기관과 단체들은들은** 중요한 재원(베라크루즈에서의 연구 재원), 훈련과 기술지식(타네의 재생에너지 캠페인), 지식공유를 위한 기회(레이캬비크의 지속가능한 조달 캠페인 참여)를 제공함으로써 지원에 나선다. 다른 많은 조직들과 함께 고무할 만한 지식과 정보 공유의 국제적인 장을 제공함으로써 지방행동을 촉진하는 데 영향을 미쳐 온 ICLEI같은 조직들은 행동에 나설 확신과 아이디어를 제공한다. 기술 서비스, 상담, 소프트웨어와 도구뿐만 아니라 훈련, 촉진 네트워킹, 도시 대 도시의 교환, 연구와 시범 사업 등은 모두 지방정부가 도시와 지역사회의 지속가능발전을 달성하고 지원하는 데 중요하다.

지구적 행동과 지방행동을 위한 결론: 핵심적인 교훈

주제, 접근방법, 행위자, 과정의 다양성은 소규모의 개별 계획에서부터 도시계획과 개발에 대한 광범위한 조치들이 어떻게 진척되어 왔는지를 확실하게 보여준다. 『세계 지방의제21 20년사(Local Sustainability 2012: Taking stock and moving forward – Global review)』제1부에서 조사된 접근방법들이 이 책『세계 지속가능발전 도시(Local Sustainability 2012: Showcasing progress – Case studies)』에서 뒷받침된다. 두 연구 모두 어떻게 다수의 행위자들이 여러 방식으로 모든 수준에서 참여할 수 있는지를 정리해 준다. 도시의 지속가능성은 다수의 이해당사자와 다층적인 거버넌스 과정이 될 수 있고 되어야 한다. 그 과정에서 어떻게 지방의제21과 지속가능성 원칙들이 다양한 방식으로 도시에 정책 지침을 제공하면서 여전히 살아 있고 오늘날에도 실효기 있는지가 입증된다.

1. 추진자들이 조직적, 제도적 또는 기타 행정적 추진과정에 견고하게 뿌리내려야 한다.

헌신적인 지방 지도자, 야심찬 목표를 통과시키는 지방의회, 행정부서와 상층 정부의 전향적인 사고를 가진 공무원 그리고 시민들이 대개 선도적인 도시의 추진자들이다. 보통 이들 추진자는 구체적인 행동을 주창하거나 긴급한 관심이 필요한 특정 난제들을 강조한다. 특정한 권한을 가진 부서나 기타 조직 구조를 통해 지속가능성을 제도화하는 것이 도시의 지속가능성 추진과정을 체계화하는 데 중요하다. 기업, 도시 의사결정 과정과 연계된 연구자 또는 시민사회, 새로 만들어진 지방 또는 지방 차원을 넘어선 정부 행정기구 역시 중요한 역할을 할 수 있다. 그리고 지방정부와 이해당사자들이 지원과 대응 과정을 통해 개인, 집단, 조직들의 추진과정을 고무하고 활용하는 법, 재정과 여타의 틀을 설계하는 데 정보를 제공할 수 있다.

좀 더 체계적이고 총체적이며 통합적인 도시 지속가능성 과정을 향한 행동을 가속화하고 아래로부터의 이니셔티브를 확대하기 위해서는 이니셔티브가 지방, 주, 국가의 도시개발 전략과 제도 안에 통합될 필요가 있다.

2. 과제의 정도를 확인하고 올바른 우선순위를 설정하기 위해서는 지방의 상황을 평가하고 살펴보는 것이 필수적이다.

목표로 정한 효과적인 메커니즘을 가진 비전과 대응은 충실한 정보 그리고 지방의 상황과 난관에 대한 평가에 달려 있다. 지방정부는 관련 자료를 수집하고 기존 조직의 상황이 지방 지속가능성 과정을 효율적이고 효과적으로 관리할 수 있는지를 확인함으로써 지방의 상황과 미래의 추세를 평가하는 데 중요한 역할을 담당한다. 기본 검토를 통해 달성 가능하고 측정 가능한 목표와 기간이 관련 지방 이해당사자들과 함께 마련될 수 있는지 필요한 정보를 얻을 수 있다. 기본 정보를 확인하고 평가함으로써 목표와 방침이 좀 더 잘 정해질 수 있고, 장기적인 지속가능성을 향한 경쟁적인 우선순위가 잘 평가될 수 있다. 이렇게 하면, 개별 행동을 더욱 총체적이고 통합적이며 포괄적인 도시발전 전략으로 전환하는 데 좀 더 용이할 수 있다. 목표는 계속적인 향상을 위해 주기적으로 점검되고 조정될 필요가 있다. 이는 또한 지방 지속가능성이 지방의 제도적 의제로 남아 있도록 할 수 있다.

지방 지속가능성 과정을 계속해서 향상시키려면, 현재와 미래의 지방 상황이 평가될 필요가 있다. 그러면 지방의 적절한 이해당사자들과 함께 야심차고 달성 가능하고 측정 가능한 목표와 기간이 개발되고 점검될 수 있다.

3. 도시의 비전은 지방 지속가능성에 대한 정치적 지원과 약속에 달려 있다.

도시가 장기적으로 지속가능한 도시개발 전략에 나서기 위해서는 정치적 지원과 약속이 필수적이다. 목적을 확인하고 조정하면 행위자들이 함께 행동에 나서고 현재나 미래의 난제를 다룰 수 있다. 비전과 목표는 지방의 상황에 대한 평가와 측정을 바탕으로 한다. 도시 전략과 목표는 이해관계를 조정하고, 공동의 목표를 향해 행위자들을 모으며, 통합적인 방식으로 핵심적인 난제들을 다루는 데 필요한 추진력을 제공할 수 있는 중요한 수단이다. 이는 도시나 국가의 도시개발을 위해 이해당사자들의 이해관계를 조정하고, 우선순위를 확인하며, 공동의 비전을 개발하는 중요한 단계다.

통합적이고 총체적인 조치를 이행하는 데는 지속가능한 도시개발의 동력을 모으고 확립할 수 있는 도시 비전과 목표가 강력한 수단이 된다.

4. 지방 지속가능성의 진전은 더욱 통합적이고 총체적인 접근 방법을 통해 지속적으로 이루어져 왔다.

의식있고 선도적인 지방정부는 지방정부의 행동과 지방의 난제에 대한 대응을 더욱 통합적이고 총체적인 접근방법으로 확장시켜 왔다. 이는 인간과 지구 시스템 간의 다양한 상호 의존성에 대한 인식 증대와 이해를 뒷받침한다. 분석을 위한 새로운 도구와 자료가 좀 더 나은 의사결정을 가능하게 한다. 정책 결정자와 의사결정자들이 좀 더 총체적이고 보완적으로 어떤 쟁점을 다루는 전략이 더욱 효과적인 접근방법임을 이해하고 있다. 이들 과정은 시간이 지남에 따라 진화하는 지방 지속가능성 과정을 필요로 하기도 하고 그 결과이기도 하다. 이는 현재의 상태를 개선하고, 좀 더 복잡한 난제를 해결해 나가려는 의제를 기반으로 한다.

총체적인 접근방법을 달성하기 위해서는 지방정부 수준의 정책과 제도설계에서 통합과 보완 전략이 탐색되고 개발될 필요가 있다.

5. 지방정부는 다른 행위자들이 행동에 나설 수 있는 기본 조건을 마련해 준다.

지방정부는 시민과 도시 행위자들의 요구, 갈망, 이니셔티브에 다음과 같이 반응함으로써 중요한 역할을 수행한다.
- 공동의 목표를 설정
- 진전 과정에서 지방의 합의를 구축
- 지방 행위자들의 상호작용을 촉진하고 대중 참여를 장려
- 필요한 제도적, 법적 틀을 제공
- 목적, 절차, 행동 등을 제도화
- 진척 과정을 집행, 점검, 평가, 보고

도시 수준에서 참여 과정을 통해 광범위한 행위자들과 함께하는 공동의 노력을 설계하는 데 지방정부가 중요한 역할을 담당한다.

6. 다층 거버넌스 구조의 기본 조건들이 지방정부와 행위자들의 행동을 가능하게 한다.

지방정부가 신속하고 근본적인 해결책을 인식하고 혁신적으로 제공할 수 있게 하려면, 지방정부의 잠재력을 인식하고, 지원하며, 활성화할 필요가 있다. 국가와 주정부는 지방적으로 대응해야 한다. 상층의 정부는 제도, 절차 또는 여타의 장치들을 수정하고, 현장에서 필요한 법적, 기술적, 재정적 지원과 인센티브를 제공함으로써 지방의 요구에 대응할 필요가 있다. 지방당국과 정부는 연구기관뿐만 아니라 다른 층위의 정부, 시민사회, 민간부문과 좀 더 긴밀하게 일할 수 있는 권한을 부여받을

필요가 있다. 그 과정에서 지방 이니셔티브가 국가적으로 반복되고 확대될 수 있으며, 도시와 국가 지속가능발전 정책이 보조를 맞출 수 있게 된다. 각 층위의 정부는 도시에서 지방 지속가능성을 주류화하기 위해 제도를 개선하고, 변화시키거나 창출하는 데 도움이 된다. 그 과정에서 혁신적인 지방정부는 주정부나 국가의 법률을 단순히 집행하는 데서 벗어나 자신의 도시뿐만 아니라 다른 여러 도시들에서도 지방 지속가능성 과정을 핵심적으로 추진하고 촉진하는 역할로 진화해 왔다.

효과적인 다층 거버넌스 시스템을 발전시키기 위해서는 주정부와 중앙정부가 지방의 필요와 요구에 관심을 갖고 대응해야 한다.

7. 선도적인 경험을 국가적으로, 국제적으로 공유하는 데 도시들 간의 파트너십이 핵심적인 역할을 수행한다.

국가적, 국제적 도시 네트워크는 도시 의사결정자가 지속가능한 도시개발에 관해 다른 도시들의 행동에 의해 고무되고 경험을 공유하는 중요한 방식이다. 지방정부들 간의 국제적 협력은 이런 지식 공유, 역량 구축 그리고 혁신 과정의 전형적인 구성요소다. 이런 목표를 위한 국제 조직들의 장려와 지원이 마찬가지로 중요하다. 주요 국제회의와 국제 조직에 의해 점차 인정받고 있는 지방정부조직(LGOs: Local Government Organizations)의 실질적이고 의미 있는 역할이 존재한다.

도시 지속가능성의 진전을 강화하기 위해서는 경험과 지식의 체계적인 교환이 확대되어야 한다.

8. 도시들은 지구적인 논의를 활성화하고 국제협약에 이르게 하는데 크게 기여할 수 있다.

그 과정에서 도시는 지구적 논의에 영향을 미칠 뿐만 아니라 많은 긴급한 쟁점들의 해결책에도 필수적이다. 지방정부는 인간의 복지를 향상시키고, 빈곤을 근절하고, 자연자원을 보호하고 향상시키며, 미래의 비용과 환경 위험을 감소시키는 데 특히 중요한 역할을 담당한다. 그리고 지방정부와 LGO는 좀 더 야심찬 지속가능발전 목표와 대상을 설정할 뿐만 아니라 도시의 경제를 녹색 도시경제로 전환하면서 중앙정부의 다자간환경협약(MEAs: Multilateral Environmental Agreements) 이행을 지원하는 중요한 역할을 수행한다. 그들의 기여가 각 층위에서 충분히 인정받고 지원받아야 한다. 도시에서의 진척을 계량화하고, 측정하고, 보고하며, 입증할 수 있도록 좀 더 계발되고 지원되어야 한다.

지구적 협약과 목표를 활성화하기 위해서는 도시와 그 행위자들이 협약과 목표의 설계에 참여하고 진척 과정을 보고하는 데 필요한 역량을 갖춰야 한다.

9. 지방정부는 도시경제를 녹색화하고 녹색 도시경제를 창출하는 데 중요한 역할을 담당할 수 있다.

지방정부는 다음과 같이 도시경제를 녹색화하는 방향으로 필요한 정책과 규제 조건을 만들어낼 수 있다.

- 시장에 영향을 미치고 도시 투자의 방향을 잡기 위해 구매 기준을 변경하고 지방정부의 구매력을 활용
- 인센티브 유형을 변화시키는 교육이나 행태를 통해 수요와 공급 유형을 전환
- 투자의 방향을 돌릴 수 있도록 기본 조건을 설정
- 녹색 인프라를 위한 새로운 자금조달 모형을 개발
- 지방의 자연자원 등을 더욱 유용하게 활용
- 제도변화를 통해 경제와 환경발전을 더욱 강력하게 통합

지방정부는 다층 거버넌스 틀 내에서 여타의 지방 행위자들과 함께 녹색 도시경제를 추진하고 가능하게 하며 녹색 도시경제로 변화시킬 수 있는 핵심적인 행위자다.

녹색경제로 성공리에 전환하기 위해 지방정부는 녹색 도시경제의 실현을 위해 필요한 틀과 조건을 제공할 수 있다.

10. 급속히 도시화되는 세계의 난제에 대응하려면, 도시 행동을 가능하게 하는 좀 더 강력한 국제적 틀이 필요하다.

주, 지역, 국가, 국제 법령과 제도적 틀 및 행동은 지방 행위자들의 틀과 행동, 그 필요조건 그리고 독특한 상황과 맞춰져야 한다. 국가 도시개발 전략은 지방정부의 경험과 필요조건을 충분히 활용할 수 있다. 지속가능한 도시의 미래를 설계하기 위해 도시와 그 행위자들, 특히 지방정부의 잠재력을 실현하겠다는 인식과 지지가 아주 높은 곳에서는 체계적인 접근방법이 요구된다.

"우리가 원하는 미래"를 설계하는 데 도시 수준의 지방정부들이 중요한 역할을 담당하고 있다. 국가와 국제 수준에서 이런 역할이 인정되어야 한다.

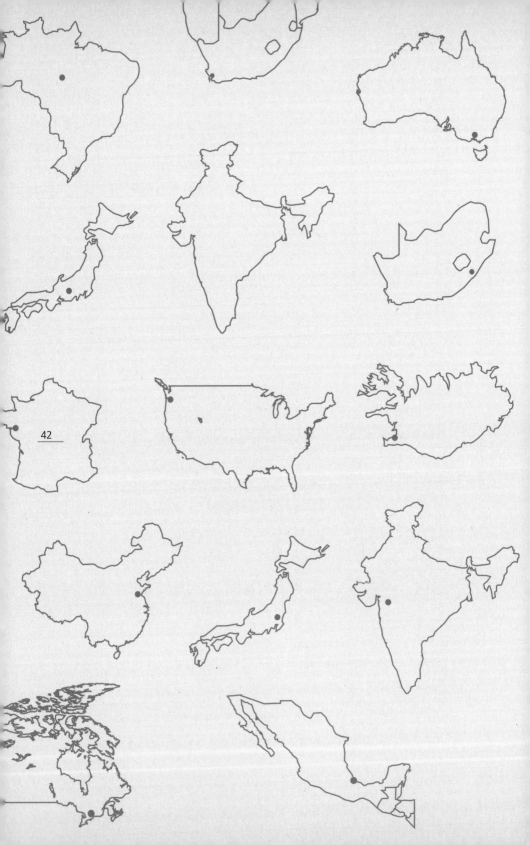

사례연구

　다음의 사례연구들을 www.iclei.org/casestudies에서 전체 보고서를 얻을 수 있는 ICLEI 사례연구 시리즈 138-151번을 요약한 것이다. 사례들은 세계의 지역과 국가의 알파벳 순서로 제시되었지만, 그 지역을 대표하는 것은 아니다. 제시된 사례들은 각 지역 문화 내에서 선도적이고 특히 향상된 것으로 여겨질 수 있는 도시들로부터 전 세계의 지속가능성 주제를 여러 분야에 걸쳐 수집한 것이다. 또한 이 모음은 "흔히 있는 일이 아닌" 특징을 크게 다루려고 노력했다. 사례들은 도시에서 그리고 지방 정부에 의해 지방 지속가능성의 지구적 진전을 강조하기 위해 다양한 접근방법을 설명한다. 제시된 각 사례는 도시의 지속가능성을 향한 진전을 보여준다. 먼저 지방에서 확인된 난제와 대응을 검토한다. 둘째, 의미 있는 성취와 성과를 강조한다. 셋째, 준비와 이행에 관련된 과정과 행위자들을 상술한다. 그리고 마지막으로 도시의 성공을 위한 핵심적인 요인을 제시한다.

케이프
타운

생태계와 생물다양성을
도시개발에 통합한 케이프타운
(남아프리카공화국)

케이프타운(Cape Town)은 생물다양성 보전이 지속가능한 도시계획과 개발의 통합적인 일부가 될 수 있음을 보여준다. 독특하고 다양한 식물서식지가 특징인 케이프타운은 무계획적인 도시 팽창으로 지구적인 생물다양성 집중지역(hotspot)을 심각한 위험에 빠뜨릴 수 있다. 이에 대응하여 독특한 자연환경과 지역의 생물학적 다양성을 보호하기 위한 노력으로 지방정부가 생물다양성 네트워크를 만들었다.

1. 케이프타운: 도시 생물다양성의 중요성을 인식

지구적 생물다양성의 거점에 위치한 이 도시는 도시팽창이 이런 뛰어난 지역특성과 생물다양성의 유형과 일련의 시스템을 위협하고 있다. 남아프리카공화국에서 유네스코 세계 유산(자연)으로 지정된 여덟 곳 중의 하나인 마운틴국립공원(Mountain National Park)은 독특한 식물종이 특징인 '지구적 생물다양성 집중지역'이다. 동시에 케이프타운은 소득계층이 극도로 분리되어 있는 도시이고, 잘 관리된 자연 공공용지에 대한 접근성이 모든 소득계층에 걸쳐 고르게 확산되어 있지 않다. 현재 케이프

케이프타운

도시 개요
사례연구 138번 케이프타운(Cape Town)

- 인구 : 370만 명(2007년)
- 도시 규모 : 2,461㎢
- ICLEI 회원 자격 : 1994년 가입
- 1인당 도시 예산 : 미화 약 600달러
- 1인당 GDP : 미화 15,250달러

타운과 남아프리카공화국의 자연 및 문화유산의 일부인 이런 독특한 자연환경을 지키고, 도시 주민들에게 양질의 공공용지에 대한 접근성의 보장이 필요하다는 인식이 점차 높아지고 있다. 2009년 생물다양성 네트워크(BioNet)의 창립은 이를 달성하고자 한 것이었다.

2. 생물다양성 계획의 주요 편익

창립된 BioNet은 생태이동통로라고 이해될 수 있는데, '지구적 생물다양성 집중지역'의 보전을 위한 토대가 된다. 지방과 도시의 생물다양성의 지구적 중요성을 고려하면, 식물의 장기적인 보호와 생물다양성의 보전이 지구적, 지방적 수준에서 중요하다. BioNet은 생물학적으로 다양한 지역을 보호하고, 환경교육을 위해 자연 공공용지에 대한 접근성을 개선한다. 활력이

넘치는 공공녹지는 또한 모든 소득계층에게 특히 휴양과 여가와 관련하여 가치 있는 도시복지의 일부다. BioNet은 또한 생태관광을 통해 케이프타운의 지역경제에 부가적인 이익을 가져다준다.

BioNet의 창립으로 케이프타운의 위협받는 서식지를 보전하는 최상의 네트워크가 구성될 수 있었다. BioNet은 도시의 행정구역 내에 있는 관련 습지와 하천을 보호할 뿐만 아니라 실행 가능한 지역을 정해 보전 목표를 달성한다. BioNet의 이행으로 지구상에 둘도 없는 독특한 서식지를 미래 세대에게 보전하게 될 것이다.

BioNet은 생물다양성 보전이 광범위한 도시계획 틀 속으로 주류화되도록 한다. BioNet은 케이프타운을 위한 '공간개발체제(Spatial Development Framework)'에 통합되고 있고, 이로 인해 토지이용이 아주 중요한 생물다양성과 생태보호구역과 직결될 수 있게 되었다. 더욱이 생물다양성 보호든 도시기본계획과 개발계획이든 지방 기반의 행동에 없어서는 안 될 강력한 참여와 이해당사자 관여 구조가 현재 갖춰져 있다.

BioNet은 생물다양성 보전의 중요한 쟁점인 사유지 문제를 근본적으로 극복했다. 생태계에는 경계가 없고 생태 네트워크의 요소가 사유지 내에 존재한다. 따라서 그 네트워크를 유지하는 방식으로 사유지 소유주들이 자신의 땅을 관리하도록 장려하는 'BioNet관리프로그램(BioNet Stewardship Program)'이 개발되었다. 이 프로그램은 계속해서 사유지 소유주들의 장기적인 참여를 확보하고자 한다.

3. BioNet 창립의 주요 구성요소

도시의 생물다양성 전략(2002)은 이후 2014년까지 도시 생물다양성 네트워크를 60% 확보하고자 하는 '지방 생물다양성 전략행동계획(Local Biodiversity Strategic Action Plan)'으로 대체되었다. BioNet은 "현재와 미래 세대의 이익을 위해 케이프타운의 이 모든 독특한 생물다양성의 충분한 대표 표본을 효과적으로 보전하고 보호"해야 한다. 이 전략은 적절하고 효과적이며 효율적인 관리계획과 정책이 개발되고 각 주요 생물다양성 보전지역에서 이행되도록 하여 케이프타운의 서식지가 갖고 있는 독특한 속성을 보호하는 데 중요하다. 남아프리카공화국의 보전계획은 모든 수준에서 2004년에 마련된 국가공간생물다양성평가(NSBA: National Spatial Biodiversity Assessment)에 기반하고 있다. BioNet은 NSBA에 대한 케이프타운의 특히 훌륭한 대응이자 보전계획이다.

생물다양성 네트워크 전략의 이행을 위한 틀을 마련하기 위해서는 많은 단계와 요소가 필요했다. 2002년 케이프타운 시는 보전 네트워크의 잠재력을 평가하기 위한 연구에 착수했는데, 케이프타운의 도시 경계 안에 남아 있는 주요 서식지를 보호하기 위한 것이었다. 이 연구는 관리 가능한 식생을 확인하고 생태이동통로를 연결하기 위한 GIS, 원격 탐사와 여타의 다양한 보전 계획 기술을 통해 식생을 확인하고 지도를 만들었다.

습지와 수로에도 마찬가지의 방법론이 활용되었는데, 육상평가를 보완하였다. 그 결과 BioNet와 그 부수적인 전략이 정책과 계획체계로 통합되었다. 이것이 도시의 공간개발체제에 정보를 제공함으로써 전 부서가 BioNet을 인식할 수 있게 해주었다. 새롭고 향상된 정보가 가용해짐에 따라 또는 과학적 방법론이 개선됨에 따라 BioNet은 지속적으로 개정될 것이고 갱신될 것이다. BioNet은 2009년에 완성되어 승인되었다.

4. 성공 요인

광범위한 도시계획체제 내에서 생물다양성을 위한 *통합적인 장기 계획*이 성공적인 이행에 필수적이다. 모든 부서, 계선 기능 간 그리고 모든 이해당사자들과의 의사소통이 도시행정에 의해 광범위하게 지원되는 계획을 고안하는 중요한 구성요소였다.

*정치적 승인을 통해 생물다양성 사례를 만들어 내는 것*과 수용성이 큰 정치적, 제도적 환경이 중요하다. 토지와 도시의 자원에 대한 경쟁적인 요구를 고려하면, 지방 정치인들과의 의사소통과 그들의 지원이 BioNet의 가장 중요한 구성요소 중의 하나다. 관광, 물 관리 그리고 기후변화 맥락의 생태계 기반 적응을 위한 가치 등 생물다양성 지역과 생태계 서비스의 가치가 적절히 표현될 필요가 있다.

*모든 보전 지역의 관리*에는 생물학적으로 다양하고 민감한 지역의 지속가능한 관리를 위해 적절한 재원이 필요하다. 프로젝트가 추진력을 얻을 수 있게 하려면, 민간부문의 지원을 포함하는 적절한 재원과 다양한 메커니즘이 필요하다.

이텍퀴니
(더반)

기후변화 적응을 주류화한 이텍퀴니
(남아프리카공화국)

더반(Durban)으로도 알려진 이텍퀴니(Ethekwini Municipality)는 기후변화 적응계획이 기본계획과 개발체제로 어떻게 통합될 수 있는지에 대한 아프리카의 선도적인 사례를 보여준다. 위험과 재난관리체제가 개발되어 왔고, 단계적으로 실행된 도시기후보호프로그램(MCPP: Municipal Climate Protection Program)의 일부로 이행되고 있다. 이는 도시가 복원력을 구축하고, 취약계층의 위험을 감소시키며, 도시에 대한 기후변화의 부정적인 영향에 대비하기 위한 제도적 토대를 제공한다.

1. 이텍퀴니: 도시의 기후적응전략

아프리카의 도시들은 현재 연간 3.3%의 성장률로 급속히 도시화되고 있고, 몇몇 도심은 세계에서 기후변화에 가장 취약하다. 이는 이텍퀴니에서 해수면 상승뿐만 아니라 더욱 빈번하고 극심한 홍수와 가뭄으로 이어지는 극단적인 날씨가 증가하고 있음을 의미한다. 그 영향은 경제 활동, 인간의 복지 그리고 인프라에 미치게 된다. 물리적 인프라와 생태계는 이미 급속한 도시성장에 의해 압박을 받고 있다. 도시빈민, 특히 무허가 주거지에서 살고 있는 사람들이 취약하다. 이들 난관에 맞서기 위한

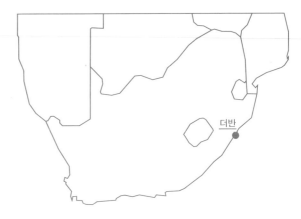

더반

도시 개요
사례연구 139번 더반(Durban)

- 인구 : 350만 명(2010년)
- 도시 규모 : 2,297㎢
- ICLEI 회원 자격 : 1994년 가입
- 1인당 도시 예산 : 미화 약 775달러
- 1인당 GDP : 미화 6,059달러

55

노력으로 이텍퀴니는 기후변화에 대한 강력한 지방의 대응책을 개발하는 최전선에 서 왔다. 이런 대응이 2004년에 도입된 도시기후보호프로그램(MCPP)이다. 단계적으로 실행된 이 프로그램은 기후변화 적응에 초점을 맞추고, 기후변화의 영향에 대처하는 도시의 능력을 향상시키는 것이다.

2. 기후변화 예방대책의 핵심적인 제도적 개선

이른바 '통합개발계획(Integrated Development Plan)'을 통해 이제 기후적응전략은 도시의 계획과 제도적 틀의 일부가 되었다. 2009년 의회가 '재난관리체제(Disaster Management Framework)'를 승인하면서 재난관리기능 재구성의 첫 단계가 시작되었다. 이어 도시재난관리위원회(Municipal Disaster Management Committee)가 설치되었다. 이는 복원력 구축에 관련된 위험과 쟁점에 대한 관심이 다양한 정책 이니셔티브의 이행을 통해 충분히 평가되어 왔고 또한 그럴 수 있음을 보여준다. 더욱이 이제 재난관리팀(Disaster Management Unit)과 환경기획기후보호과(EPCPD: Environmental Planning and Climate Protection Department) 간의 튼튼한 제도적 파트너십이 존재한다.

다양한 이니셔티브가 현재 진행 중이다. 위험이 확인되고 평가되고 처리되고 감시되며 보고되도록 모든 도시 구조 전반에 걸쳐 회계 감사가 포함된 제도적 위험평가 과정이 이뤄지고 있다. 기후변화의 지방에 대한 영향 평가가 탄소 저장 및 격리 분석과 함께 진행되었다. 비용 범위 안의 계획과 정책이 잠재적으로 부정적인 기후 영향과 관련되는지를 평가하는 데 도움을 줄 도구 개발에 초점이 맞춰져 왔다. 그 중 첫 번째는 통합적인 평가 도구로서 고위험 지역을 확인하는 데 도움을 주기 위해 핵심 부문의 기후변화 영향을 시각화하고 중첩화해 주는 자립형 지리정보시스템(GIS) 플랫폼을 채택한다.

지붕 녹화, 행사의 녹색화, 해수면 상승 모델링 등 여타의 이니셔티브뿐만 아니라 도시와 지역사회의 적응계획이 만들어졌다. MCPP에서 도출된 이니셔티브와 프로젝트는 다음과 같다.

- 공동체 기반 적응계획(CAP)
- 인식 제고를 목표로 한 민관 파트너십을 포함하는 더반 기후변화파트너십(DCCP)
- 지붕 녹화 시범 프로젝트
- 저탄소 더반 연구 프로젝트
- 해수면 상승 평가
- 도시 적응 계획 비용편익분석
- 기후변화에 대한 도시 적응 계획
- 간다어 학교(Luganda School) 우수 저장과 마이크로 농업용수 관리 기술
- 패러다이스계곡(Paradise Valley) 재조림 프로젝트
- 더반식물원: 기후변화와 생물다양성 인식개선센터

3. 이텍퀴니 기후적응계획의 준비

남아프리카공화국 그리고 특히 이텍퀴니는 오랜 기후행동의 역사를 갖고 있고, 다양한 국제협약에 조인해 왔다. 2004년에 착수된 MCPP는 오랜 기후행동 역사의 정점이고, 세 가지 주요 구성요소를 갖고 있다.

- 도시 적응을 핵심적인 활동과 관련 부서의 계선 기능에 통합

- 역량 형성에 초점을 둔 지역사회 기반의 적응
- 수자원의 순환과 해수면 상승 같은 난제에 초점을 맞춘 일련의 정책 개입

MCPP는 단계적으로 시행되는 프로그램으로서 기후변화 적응과 도시의 기후변화 영향 대처 능력 향상에 초점을 맞춰 왔다. 이텍퀴니에서는 이 목표를 달성하기 위해 MCPP를 네 개의 주요 단계로 구분했다.

영향평가. 2004년과 2006년 사이에 MCPP는 지방 기후변화 영향에 대한 최초의 평가를 수행하여 '더반 기후미래 보고서 (Climatic Future for Durban Report)' (2006)를 제출하였고, 이 보고서는 가능한 적응과 완화 대응책을 제안하였다.

적응계획. 다음 단계는 2005년에 개발된 도시 및 지역사회 적응계획이었다. 이는 2006년에 발간된 총괄기후변화적응전략 (HCCAS: Headline Climate Change Adaptation Strategy)으로 이어졌다. 이 전략은 기후변화에 적응하기 위해 도시에 필요한 핵심적인 정책 개입을 강조했다. 이는 재조림 프로젝트, 잠재적 해수면 상승 모델링, 지역사회 적응계획, 물, 보건, 재난관리 부문을 위한 도시 적응계획의 개발과 이행을 포함하는 다양한 적응 이니 서티브로 확대되었고 진행 중이다. 2008년 이래 부문별 도시 적응계획은 물, 보건, 재난관리 등 세 가지 고위험 부문에서 시험되었다.

도구(toolkit)의 개발. 기후변화의 영향에 대응한 장기적인 계획과 정책을 평가하고 비교하기 위한 통합적인 평가 도구가 2007년과 2010년 사이에 개발되었다.

주류화. 2009년 환경기획기후보호과(EPCPD: Environmental Planning and Climate Protection Department) 내에 기후보호계를 신설하고, 에너지실(Energy Office)을 설치해 기후변화에 대한 고려를 도시기획과 개발에 통합하였다. 탄소 중립의 2010년 FIFA 월드컵 그리고 제17차 유엔기후변화협약 당사국총회(COP 17)와 제7차 교토의정서 당사국(CMP 7)의 개최도 포함된다.

이외에도 2008/2009년에는 남아프리카공화국에서 첫 에너지실이 설치되었다. 공간개발계획에 대한 전략환경평가도 이뤄졌는데, 생태계 서비스에 특히 주목하였다. 예컨대, 생태계 서비스를 보호하기 위한 생태계 기반 적응(EBA: Ecosystem Based Adaptation) 프로그램이 더반 광역 공공용지 시스템의 설계와 관리에 대한 접근방법에 내재되었다. 이들 지역은 지역사회-생태

계 기반 적응(CEBA: Community−Ecosystem Based Adaptation)이라는
선도적인 개념에 통합되고 있다.

4. 성공 요인

정치적 승인: 정책의 집행에서 중요한 측면은 정치적 승인이
었다. 적응계획과 부문별 적응계획의 개발에 대한 정치적 지원
이 필수적이다. 이는 새로운 적응전략이 기존 사업계획이나 개
발목적과 충분히 부합되도록 해 준다. 또한 필요한 재원과 기술
을 가용하도록 해 준다.

연구 투입: 연구에 의해 지원되는 강력한 점검과 평가가 프
로젝트의 성공적인 기술적 이행에 절대적으로 필요하다. 증거
기반의 학습이 시범 실시되는 적응전략의 착수에 영향을 미치
기 때문에 연구 파트너십이 필수적이다.

실행에 의한 학습: 이텍퀴니 시가 채택한 '실행에 의한 학
습' 원리는 지방의 도시 적응전략의 개발을 위한 강력한 접근
방법이다.

지속가능한 성장과 사회 조화를 위한 '생태도시' 르자오(중국)

르자오(Rizhao) 시정부는 생태도시 건설계획을 이행함으로써 '생태도시'를 향한 전환 과정에 착수한 이래 르자오의 생태 환경과 확대된 도시개발지역의 지속가능성이 개선되어 왔다. 도시는 경제적인 편익을 얻었고, 주민의 삶의 질은 크게 높아졌다. 르자오의 노력은 국가적으로나 국제적으로(UN-Habitat 특별대상) 인정받아 왔다.

1. 지속가능한 도시 발전을 위한 생태도시 전환

르자오 시는 중국의 다른 대부분의 이웃 도시들에 비해 기대치에 못미치고 있었다. 일인낭 소득이 낮고 생활조건이 좋지 못한 이 도시는 계획 역량과 충분한 인프라 및 서비스가 부족했다. 예를 들어, 전체 도시(5,310㎢의 면적)에서 도로는 49㎞에 불과했고, 일인당 공공녹지는 3㎡도 되지 않았으며, 쓰레기와 하수처리 계획과 여타의 오염 통제는 거의 존재하지 않았다. 가속화되는 도시화, 인구성장, 산업화와 함께 지방의 자연환경에 대한 압박이 증가하였다. 경제적·사회적으로 매력있고 활력있

르자오

도시 개요

사례연구 140번 르자오(Rizhao)

- 인구: 290만 명
- 도시 규모: 5,310㎢
- 1인당 도시 예산: 미화 약 570달러
- 1인당 GDP: 미화 3,540달러

는 도시를 만들기 위해서는 효과적인 기획과 투자가 필요했다. 이를 달성하기 위해 르자오 시정부는 2003년 '생태도시 건설계획'의 집행을 시작했다.

2. 생태도시의 환경적 개선과 경제적 편익

생태도시 건설계획의 목적은 생태적 질과 사회 조화를 확보하면서도 경제발전을 촉진하는 새로운 도시 모델을 발전시키는 것이었다. 이 계획으로 집행으로 인상적인 성과를 거두었다. 르자오는 2009년 국제적으로 저명한 '유엔인간정주프로그램 특별 대상(UN-Habitat Scroll of Honour Award)', 2007년 첫 '세계청정에너지상(World Clean Energy Award)'을 비롯해 국내외의 수많은 상을 수상하였다.

이런 성공을 이루기 위해 르자오는 다양한 이니셔티브를 시도해 왔다. 태양에너지는 현재 100만㎡까지 난방을 공급할 수 있는 도시 중앙난방시스템을 비롯하여 태양에너지가 광범위하게 이용된다. 현재 활용률이 도시 내 65%에 달하고 있고, 태양광 채광시스템은 현재 공원과 광장에 널리 이용된다. 전체적으로 시는 연간 38억 ㎾h의 전기를 절약하고 있고, 이산화탄소 325만 톤, 이산화황 220만 톤, 먼지 2만 톤을 저감하고 있다. 현재 청정에너지 이용률은 2000년 70%에서 2010년 99%로 증가했다. 더욱이 25개의 제조 기업이 ISO 14001 환경관리체계 인증을 통과하였고, 63개 기업은 현재 심사를 받고 있다.

2003년에서 2011년까지 르자오에 8개의 물 관리 설비가 건설된 이후 근처 저수지에서 가져오는 물 공급 용량은 하루 약 32만 2,000톤, 1일 일인당 114리터까지 증가하였다. 식수와 지표수를 포함하여 도시의 물 보급률은 100%를 유지해 왔다. 도시 지표수와 연안수의 질은 현재 요구되는 국가와 지방의 환경 기준을 충족하고 있거나 그 이상이다.

해변, 모래톱, 습지 그리고 여타의 생태적 서식지를 보호하기 위해 '통합연안복원프로젝트(Integrated Coastal Restoration Project)'가 수행되었다. 르자오 시정부는 약 10km의 완핑코우(Wanpingkou) 해변을 다시 설계하는 데 미화 2억 9,000만 달러를 투자했고, 관광, 수상 스포츠, 여가와 레크리에이션 활동을 위한 중심지로 삼았다. 더욱이 도시의 120km 물길을 개선하기 위해 다양한 이니셔티브가 도입되었다. 홍수예방, 심미적 질, 생태적 지속가능성, 휴양 기능성에 주로 기반을 두고 자연 및 물리적 환경에 대한 개선이 이뤄졌다. 여기에는 강의 폭을 넓히고, 빗물과 하수체계를 개선하며, 물 저장 인프라를 구축하는 사업이 포함되었다.

생태도시의 비전을 수행한 이래 야간공사, 경적 금지 조치, 대중교통의 개선 등으로 도시의 소음 공해가 크게 감소되었다. 대기 질, 식수와 바닷물은 국가 기준 1등급에 도달하였다. 르자오의 대기 질은 전국 환경보호 도시 113개 중 수위를 차지했고, 수질 오염 통제와 폐기물 관리 정책의 결과로 도시의 환경복원 노력 평가에서 8년 연속 1위를 유지했다. 2010년 공공녹지는 전체 도시면적의 42.2%로 증가한 2,160헥타르에 달했다. 일인당 공공녹지는 2000년 10.5㎡에서 2010년 19㎡로 증가했다.

동시에 경제도 상당한 성장을 유지해 2008년 국내총생산(GDP)은 미화 96억 6,000만 달러에 달했다. 관광과 서비스 부문에서 생태친화적인 정책을 향상시킴으로써 르자오는 좀 더 많은 관광객을 끌어들이는 데도 성공해 왔다. 실제로 2008년 이래 1,700만 명 이상이 르자오를 방문했다.

3. "편리하고 생태적이고 매력적이며 역동적인" 살기 좋은 수변도시

1989년 이후 르자오 시정부는 르자오 지속가능발전계획 (Sustainable Development Plan), 르자오 순환경제발전 기본계획(General Plan for Developing Circular Economy), 도시기본계획(City Master Plan) 등 일련의 계획을 채택했다. 그리고 최근 들어 2003년에는 르자오 생태도시 건설계획(Eco-City Building Plan)을 도입했다.

생태도시 계획이 발전되기 위해서는 핵심적인 제도적 틀을 만들어야 했다. 2000년 9월 시장의 요청으로 르자오 시정부는 중국과학원(Chinese Academy of Science)의 생태환경과학연구센터 (Research Center for Eco-Environmental Science)에 의뢰하여 '르자오 생태도시 건설계획'을 준비했다. 2002년 1월 중앙정부 소속의 지방환경보호청(Provincial Environmental Protection Agency)이 이 계획을 평가했다. 2002년 11월 시정부가 계획을 승인하였고, 2003년 8월 공식적으로 착수되었다. 일련의 인센티브, 정책, 규제 그리고 점검 메커니즘이 도입되었다.

시 환경보호국 내의 생태도시기획팀이나 '태스크포스'가 계획을 주로 추진했는데, 계획과 전략을 주로 맡았다. 팀은 또한 20개의 관련 집행 부서를 비롯하여 시민과 이해당사자들을 과정에 참여시키는 데 핵심적인 역할을 담당했다. 이 계획의 진행은 3단계로 구분되었다.

착수 단계(2001~2005): 이 단계는 계획을 위한 제도적 틀을 확립하는 데 목적을 두었다. 환경오염 통제와 녹색 인프라 프로젝트를 다루는 시범 프로젝트가 도입되었다. 여기에는 대중교통

의 확대, 하수체계 개선, 재생에너지, 혁신적인 정보통신기술 네트워크가 포함되었다.

발전 단계(2006~2010): 지방정부가 태양, 재생에너지 기술, 생태적 물류 활동, 해양 자원을 기반으로 하는 생태산업과 중소기업을 육성하였다.

향상 단계(2011~2020): 이 단계는 생태 공동체의 확립, 녹색 도시경제 활동, 환경의식의 증가에 의해 르자오 주민의 삶의 질이 포괄적으로 향상될 수 있게 한다.

이들 단계를 따라 '생태도시의 안정화와 살기 좋은 가정의 건설(Establishing Ecological City and Building a Livable Home)'이라는

기치 아래 "녹색지대 - 두 지역과 세 회랑 - 네 풍경(Green belt – Two areas and Three corridors – Four landscapes)"으로 알려진 생태공간계획이 제시되었다.

4. 성공 요인

법적 구조: 관련법의 개정과 변경을 통해 지침이 되는 법적 구조가 확립되었다. 이는 종합계획과 정책이 집행되는 데 필수적이었다.

계획을 입안하거나 보호구역을 지정할 때 *적극적인 이해당사자 참여가* 필수적이었다. 다양한 재원 마련을 위해 타 부서나 이해당사자들과의 협력을 가능하게 했고, 구상된 생태문화를 대중들이 좀 더 인식하게 할 수 있는 광고 메커니즘을 통해 인식 제고를 도모할 수 있게 하였다.

혁신과 기술: 건설에 지속가능한 디자인을 활용하고 재생에너지를 활용한 것은 생태도시의 비전을 발전시키는 데 매우 중요했다. 생태 효율적인 해결책에 대한 새롭고 혁신적인 접근방법을 장려하는 것이 필수적이다.

하향식 · 상향식 도시개발 및 재생 방법,
JNNURM(인도)

인도 정부가 자와하랄 네루 국가 도시재생 미션(JUNNURM: Jawaharlal Nehru National Urban Renewal Mission)이라는 혁신적이고 야심찬 도시 혁신 프로그램을 시작했다. 이는 지방정부에 좀 더 많은 권력을 이양하여 지방의 의사결정 수준에서 좀 더 지속가능한 도시체계를 촉진할 수 있는 지방정부의 역할과 역량을 향상시키기 위해 마련된 인센티브 연계 혁신 계획이다. 도시의 지속가능성, 도시재생과 혁신을 위한 효과적인 다층적 거버넌스의 훌륭하고 전환적인 사례라고 할 수 있다.

1. 급속한 도시화가 기본 서비스와 인프라의 제공 능력을 앞지르다

급속한 도시화가 인도의 도시정부들에게 심각한 난제가 되고 있다. 지난 10년 산 인도의 도시 인구는 7,600만 명 이상 증가했다. 2001년 인도의 27.8%가 도시였던 것이 2011년 31.2% 그리고 2030년에는 40%가 될 것으로 예상된다. 이런 도시화율은 물과 폐기물 관리같은 가장 기본적인 서비스를 공급할 도시 지방자치단체(ULBs: Urban Local Bodies) 대부분의 능력을 앞질러 왔다. 이는 주로 이들의 제한적인 재정적, 기술적, 제도적 역량 때문이다. 도시지역은 자본을 획득하고 경제성장을 촉진하기

사례 개요
사례연구 141번 JNNURM(인도)

- 인구: 12억 1,000만 명
- 국가 면적: 3,287,263㎢
- ICLEI 회원 자격: 인도 내 42개 회원
  (정회원은 33개)

위한 역량을 향상시키면서도 동시에 도시민의 삶의 질을 개선하고 도시개발이 도시의 자연환경을 더 이상 악화시키지 않도록 해야 한다. 이런 난관에 대응하고 인도의 도시개발 패러다임을 변화시키기 위해 인도 정부가 2005년 JNNURM을 도입하였다.

2. 더 나은 도시개발을 위한 인센티브 연계 혁신체계

JNNURM의 목적은 도시 거버넌스의 혁신을 도모하고, 인프라와 기본 서비스를 개선하는 데 있다. 2010년 7월 현재 조정된 도시재생에 대한 초점의 결과 상당한 개선이 있었다. JNNURM은 기본 서비스의 개선을 위한 투자 흐름을 제고하고, ULB의 열망을 끌어올리고, 단편적인 프로젝트를 넘어 서비스가 부족한 빈민들의 근본적인 요구를 다루는 것으로 도시 개선의 개념을 확대하며, 더 나은 도시 거버넌스를 촉진함으로써 도시개발에 대한 초점을 새롭게 하는 수단이 되었다.

주요한 법적 혁신의 성공에는 1999년의 도시 토지(상한과 규제) 폐지법과 같은 계획 병목의 폐지가 포함되어 있는데, 정체된 주택산업을 살리는 데 필수적이었다. 74차 헌법개정안의 집행으로는 지방 당국에 대한 분권화와 권한 이양을 가능하게 했다. 10개의 주가 현재 ULB에 기능을 양도했다. JNNURM 아래의 혁신은 대부분 지속가능발전 원칙과 지방의제21 원칙을 통합했다. 인도 도시들의 거버넌스에서 투명성과 책무를 끌어올리는 데 중요했던 지역사회참여법(Community Participation Law)과 정보공개법(Public Disclosure Law)의 제정으로 대중의 참여와 책무가 향상되었다.

미션은 ULB가 대규모 인프라를 개선하도록 장려하는 것이었다. JNNURM에 착수한 이래 미화 130억 내지 140억 달러의 재정적 가치를 가진 530개 프로젝트가 승인되었다. 다음과 같은 성공적인 도시 인프라 프로젝트를 들 수 있다.

- 인구 10%를 위한 지속적인 물 공급 프로젝트를 비롯하여 통합적인 수자원 개발을 위한 나그푸르(Nagpur)의 일련의 이니셔티브
- 라즈코트(Rajkot)를 인도에서 가장 깨끗한 도시 중의 하나로 만든 고형 폐기물 관리체계 개편
- 인도에서 처음으로 간선급행버스(BRT: Bus Rapid Transit) 시스템을 도입한 아메다바드(Ahmedabad)

진척 상황은 도시개발부(MoUD: Ministry of Urban Development)가 마련한 성과 검토 및 평가체계를 통해서뿐만 아니라 주정부의 담당 기관을 통해 점검된다. 이들 수단은 상이한 단계로 집행되어 이니셔티브와 프로젝트에 대한 철저한 분석이 가능한 평가를 위해 준비된다.

3. JNNURM의 핵심적인 구성 요소

프로그램과 집행을 위한 지침은 도시재생 전문가들의 도움과 함께 MoUD에 의해 공식화되었다. MoUD는 또한 기획위원회(Planning Commission), 국립도시문제연구소(NIUA: National Institute of Urban Affairs), 국립 재정 및 정책 연구소(NIPFP: National Institute of Public Finance and Policy)와 같은 여타의 다양한 기관들의 지원을 받는다.

JNNURM은 미화 260억 달러 이상의 투자를 구상했다. 이 중 35~50%는 7년에 걸쳐 중앙정부로부터 나올 것이다. (인도 정부, 주정부, ULB) 각 주체의 상대적인 기여는 주로 도시의 규모에 의해 결정된다. 이러한 도시 기반의 인센티브는 서비스 전달을 개선하고, 궁극적으로는 경제적으로 생산적이고 공정하며 반응적인 도시를 만드는 데 필요한 제도적, 구조적, 재정적 혁신을 자극하고자 하는 것이다.

인프라 개발을 위한 JNNURM 재원에 대한 도시의 접근성은 의무적, 선택적인 혁신을 이행하려는 주(provinces)와 ULB들의 관여와 연계된다. JNNURM 이사회는 MoUD 관할 아래 주와 도시에 재원을 배분하는 권한을 갖고 있다. 프로젝트의 재원은 주정부와 국가 당국에 의한 체계적인 프로젝트 검토에 달려 있다.

4. 성공 요인

*하향식·상향식 접근방법*에 의해 JNNURM은 혼합적인 거버 닌스 접근방법을 채택한다. 지침, 혁신, 재원의 분배는 상층에 서 공식화되었지만, 필요한 도시 혁신의 책임을 지고 지방수준 에서 그 프로젝트를 집행한 것은 ULB였다. 현장에서의 집행 활 동은 필요할 경우 상층에서의 변화를 만들어냈다. JNNURM은 주정부와 도시정부의 효과적인 참여를 확보하는 데 성공했다.

좀 더 혁신적인 주에서는 *수요기반의 접근방법*이 성공적이 었다. 이들 주에서는 몇 가지 거버넌스 혁신이 이뤄졌고, 주정 부와 지방정부에 의해 추가적인 재원이 제공되었다. 일부 ULB 가 이전에는 시도해보지 못한 규모의 프로젝트에 착수하는 데 미션이 도움을 주었다.

법적 혁신과 같은 *더 나은 도시 거버넌스를 위한 핵심 구성 요소에* 역점을 둠으로써 책무와 투명성을 증가시켰고, 민주적 인 분권화로 개발과 성과가 향상되고 시민의 욕구와 서비스 전 달에 좀 더 잘 반응하게 되었다. 또한 점검을 통해 도시 거버넌 스의 개선을 위한 제안으로 이어졌다.

JNNURM 안에서 *상호학습과 지식공유 네트워크*(PEARL: Peer Learning and Knowledge Sharing Network)는 참여 도시들의 네트워킹 이 경험, 프로젝트의 진척, 다양한 이니셔티브를 공유할 수 있 게 해준 이니셔티브였다.

75

태양에너지 이용을 확대한
타네(인도)

오랫동안 태양에너지를 장려해 온 역사를 가진 도시인 타네(Thane)
는 5년 동안 도시 전반의 에너지를 10% 줄이겠다고 약속해 왔
다. 혁신적인 에너지 이니셔티브로 도시 전체의 탄소발자국을
줄였고, 상당한 비용을 절약할 수 있었다. 타네의 태양열 기술
경험은 재생에너지 장려와 생성의 사례를 제공한다. 타네의 인
도 솔라시티 프로그램(Solar Cities Program) 참여는 어떻게 도시가
에너지 소비만이 아니라 에너지 생성의 장소가 되고, 온실가스
배출을 줄이며, 상당한 예산을 절감할 수 있는지를 보여준 실천
적인 사례다.

1. 인도의 도시 에너지 수요를 충족시키기 위한 지방 태양열 전력 공급

에너지는 인도 도시들의 핵심적인 관심사다. 에너지 생성과
소비는 기후변화를 초래하는 주된 원인 중의 하나다. 그리고 인
도처럼 급속히 도시화되는 국가에서는 공급은 제한적인 상황
에서 에너지 수요는 증가하는 것이 긴급한 쟁점이다. 이런 난관
에 맞서기 위해 인도의 신재생에너지부(MNRE: Ministry of New
and Renewable Energy)는 '솔라시티 프로그램(Solar Cities Program)'
에 착수했다. 현재의 연간 GDP 성장률이 계속된다면, 인도는 6
배의 발전 용량이 필요할 것으로 예상된다. 이런 맥락에서 솔라

사례 개요

사례연구 142번 타네(Thane)

- 인구 : 200만 명
- 도시 규모 : 147㎢
- ICLEI 회원 자격 : 2008년 가입
- 1인당 도시 예산 : 미화 약 250달러
- 1인당 GDP : 미화 2,000달러(NIUA 산정)

시티 프로그램이 지방의 에너지 혁신과 투자의 추동력으로 확립되었다. 태양열 도시 프로그램의 틀 안에서 마하라슈트라 주(Maharashtra) 타네 시는 인도의 첫 번째 솔라시티 중의 하나가 되기로 목표를 잡았다. 타네는 지방 에너지 생성을 크게 강조하면서 5년 동안 전기 소비의 10% 절감을 달성하기 위해 에너지 효율성을 촉진하고, 다른 재생에너지와 함께 태양열 발전을 이용함으로써 이 목표를 완수하고자 했다.

2. 에너지 소비는 줄이고 재생에너지 이용은 늘리고

인도 신재생에너지부(MNRE)가 개발한 솔라시티 프로그램은 지방정부에 권한을 위임하여 에너지 난제를 해결하고 각 도시의 에너지 상황에 대한 평가를 할 수 있는 틀을 제공한다는 목표를 두었다. 이것이 에너지 안보를 개선하고, 온실가스 배출을 줄인다. 솔라시티 프로그램의 조건 안에서 준비되고, 최근 몇 년에 걸쳐 시가 개발한 혁신적인 에너지 이니셔티브를 기반으로 하는 타네의 종합계획은 에너지 역학 관계를 통합적으로 이해할 수 있게 해주었다. 에너지종합계획은 에너지와 기후변화 완화에 관한 시의 좀 더 광범위한 전략의제를 위한 토대가 되었다.

타네의 지방 에너지 이니셔티브는 지난 9년에 걸쳐 42.8기가와트 이상을 절감해 왔다. 2005년에는 신규 공사에는 태양열 온수 시스템을 의무적으로 이용하도록 하는 법률이 제정되었다. 태양열 온수 시스템이 설비되지 않을 경우 건물 소유주에게 최종적인 거주 허가를 내주지 않은 타운기획과의 적절한 법 집행이 그 성공에 핵심적으로 기여했다. 이로 인해 주로 개별 가정에서 1일 71만 5,000리터 용량의 온수가 확보될 수 있었다.

지난 3년 동안 타네는 가로등을 교체하여 33%의 에너지를 절약하였고, 도시의 주요 공공병원에 태양열 에어컨 시스템을 설치했으며, 시청 사무실에는 50㎾ 광전지 시스템을, 시 취수펌프장에는 에너지 효율화 기술을 적용하였다. 이 모든 에너지 이니셔티브로 상당한 예산을 절감할 수 있었다. 예를 들어, 공공병원의 태양열 온수시스템으로 연간 500㎿까지, 에너지 비용으로 보면 200만 루피(Rs, 미화 4만 달러)까지 절약하는 성과를 거뒀다.

이들 초기의 이니셔티브에 기반한 타네의 다양한 성과는 솔라시티 프로그램을 위한 견고한 토대가 되었다. 솔라시티 프로그램은 이들 이니셔티브를 상당수 계속할 수 있는 추가적인 동력, 재원, 전문지식을 제공하였다. 전문가의 참여를 위한 추가적인 수단을 제공하기 위해 '솔라시티 이해당사자위원회(Solar City Stakeholder Committee)'가 설치되었다. 솔라시티 이해당사자위원회는 마하라슈트라 주택상공회의소(Maharashtra Chamber of Housing Industry), 태양열 산업 공장주, 주단위의 에너지 관련 기관, 지방의 에너지 관련 기업과 교육기관 같은 지방과 지역의 이해당사자들의 참여를 포괄했다. 더욱이 에너지 쟁점에 일반 대중을 참여시키고, 기업과 가정을 위한 재생에너지와 에너지 효율성에 관한 교육기회를 개발하기 위해 '솔라시티 셀(Solar City Cell)'도 만들어지고 있다.

3. 태양열 에너지 장려, 생성, 이용의 핵심적인 구성 요소

2000년대 초반부터 타네는 재생에너지와 에너지 효율성을 실험해 왔다. 이들 활동의 일부로서 시는 탄소배출량 일람표를 준비했고, 에너지 관련 건물을 법으로 규정했으며, 다양한 시범 프로젝트를 시행하였다. 2005년과 2010년 사이에는 물과 가로등 같은 도시 서비스에 대해 일련의 에너지 감사가 이뤄졌다. 이것으로 도시 서비스의 에너지 소비 수준과 관련한 기본 정보를 얻을 수 있었다. 자와하랄 네루 국가 도시재생 미션(JUNNURM: Jawaharlal Nehru National Urban Renewal Mission)과 연계하여 타네는 도시 인프라에도 상당한 투자를 했다.

2009년에 시작된 솔라시티 프로그램은 지방 에너지 이니셔티브들의 연장선상에 있다. 이후 2년 동안 광범위한 공공 및 민간 이해당사자들과 연계하여 시는 도시 전체의 재생에너지 전략을 준비했다. ICLEI 남아시아 사무소가 에너지종합계획 수립의 책임을 맡았고, 타네의 솔라시티 종합계획 마련이라는 과업을 받았다.

솔라시티 프로그램 덕분에 타네는 에너지 효율성과 재생에너지 이용을 장려하기 위한 통합적인 정책과 행동의 틀 개발에 나설 수 있었다. 이 프로그램은 다섯 가지 주요 단계로 이뤄져 있다.
- 에너지 기준선과 종합계획의 준비
- 이해당사자 자문위원회의 설치
- 솔라시티 셀(Solar City Cell)을 통해 공공 참여 활동을 개발
- 시범 프로젝트의 개발
- 지방 수준(또는 가능하면 상층 수준)에서 재생에너지 정책을 시행

4. 성공 요인

*지방정부에 권한*을 부여하여 지방정부 고유의 에너지 역학 관계를 바탕으로 점검하고 행동을 취할 수 있도록 함으로써 행동을 위한 강력한 수단을 제공했다. 솔라시티 프로그램은 도시

가 에너지 생성, 에너지 거버넌스, 지속가능성 혁신을 위한 장소로 변모할 수 있는 가능성을 열어 주었다.

에너지 성과를 점검·평가하고, 개선을 위한 영역을 확인하며, 지역과 국가 에너지 거버넌스를 보완할 수 있는 지방 차원의 해결책을 발견할 *도구의 개발과 제공*이 중요하다. 에너지 절약 메커니즘과 인식 제고 캠페인이 에너지 절약 기술과 재생에너지의 장려와 보급을 위해 중요하다.

변화를 정당화하고 촉진할 *가시적인 진입 지점*과 기준선 정보를 *확인*한다. 타네에서는 에너지 감사가 특정 이니셔티브의 진입점이 되었다. 이는 에너지 절약과 비용 절감 같은 가시적인 편익이 가능함을 보여줄 뿐 아니라 성과를 점검하고 측정할 수 있게 해준다.

솔라시티 프로그램의 이행에 *강력한 리더십*이 중요했다. 타네에서는 시의 전력과가 에너지 프로젝트의 이행에서 중요한 역할을 담당했다. 이들이 재생에너지와 에너지 효율성 비전을 확립하고, 구체적으로 실행할 수 있는 프로젝트를 확인하며, 이를 통해 가시적인 성과를 거뒀다. 부서 내부의 훌륭한 리더십이 도시의 정치와 행정부서를 비롯하여 여타의 공공 이해당사자들로 하여금 정치적, 재정적으로 프로젝트를 지원하게 만들었다.

*적극적이고 의미 있게 참여하는 이해당사자들*이 에너지의 생산자와 소비자들을 참여시킬 수 있다. 지방정부는 지방의 이해당사자들을 활용하여 에너지 효율성에 대한 인식을 제고할 수 있고, 지방의 에너지 이니셔티브들을 위한 공공과 민간의 지원을 확보할 수 있다.

ICLEI 지방 재생에너지 프로그램이나 JNNURM 프로그램과 *같은 이전의 이니셔티브와 성공을 연계하고 바탕으로* 삼았다.

시민기금의 에너지회사와 함께
생태에너지 기금을 조성한 이다(일본)

이다(Iida) 시는 재생에너지 혁신이라는 관점에서 아주 혁신적인 도시다. 지역주민이 재원을 마련한 사회적기업(social business)인 오히사마신포에너지㈜(Ohisama Shinpo Energy Co. Ltd.)와 지방정부 간의 전략적 협력이 '시민' 태양열 집열판 설치를 진척시켰다. 시민들이 태양열 설비 프로그램의 투자자가 된 오히사마 제로-엔 프로그램(Ohisama Zero-Yen Program)을 통해서였다. 이는 지방수준에서 지속가능한 에너지 개발의 시민참여를 보여주는 훌륭한 사례다.

1. 재생에너지 이용을 위한 시민과의 협력

에너지 생산과 소비가 온실가스의 주범이지만, 일본에서는 에너지의 안전성이 중대한 관심사다. 재생에너지 기술이 청정에너지 전략에 중요하지만, 이행하기는 어려울 수 있다. 1995년 이래 전력산업 시장이 부분적으로 자유화되었지만, 일본의 전력시장은 소수의 회사들이 지배하고 있다. 장기적이고 지속가능한 에너지 정책을 형성하기 위해 지방정부에 초점을 맞추려는 시도가 줄을 이었다. 이를 염두에 둔 이다 시정부는 지역주민들이 재원을 마련한 에너지 회사인 오히사마신포에너지

 이다

사례 개요

사례연구 143번 이다(lida)

- 인구 : 10만 5,000명
- 도시 규모 : 648㎢
- ICLEI 회원 자격 : 2009년 가입
- 1인당 도시 예산 : 미화 약 4,800달러
- 1인당 GDP : 미화 34,000달러(Tageo.com)

㈜(Ohisama Shinpo Energy Co. Ltd.)와 파트너십을 수립하였다. 그 결과 '오히사마 제로-엔 프로그램(Ohisama Zero-Yen Program)'이 개발되었다.

2. 에너지 절약은 늘고, 배출량은 줄고

오히사마 제로-엔 프로그램의 목표는 태양열 집열판 설치와 배전을 통해 재생에너지를 장려하는 것이었고, 상당한 성공을 거두었다. 이다에서 태양열 집열판을 설치한 가구 수는 1997년 0.17%에서 2010년 3.61%로 증가해 왔고, 일본에서 비슷한 규모의 도시 중에서는 최고다. 전체 가구 중 약 30%(추정)는 좀 더 저렴한 태양열 온수기를 설치하고 있다. 오히사마신포에너지 ㈜가 소유하고 있는 시민태양열발전소는 2010년 162개소에 이르고 있다. 2010년 총 전략생산량은 140만 ㎾h이고, 이산화탄소 배출 감축량은 777톤에 상당한 것으로 기록된다.

지방정부 건물은 설치 장소로 활용되었다. 짧은 기간 동안 거의 모든 가능한 시정부 소유의 건물 옥상에 태양열 집열판이 설치되었다. 대부분 오히사마신포에너지㈜가 구입하고 설치하였다. 시정부는 중부전력㈜(Chubu Electricity Power Co, Inc.)으로 하여금 '메가 솔라이다(Mega Solar Iida)' 발전소에 투자하도록 장려했다. 중부전력㈜은 일본에서 가장 큰 전력회사 중의 하나로, 새로운 발전소가 건설되면 이 회사에 의해 운영되었다. 메가 솔라 이다는 100만㎾h 규모의 발전 용량을 가진 대규모 중앙집중식 발전소이고, 약 400톤 상당의 이산화탄소를 감소시키고 있다. 태양열 집열판은 이다 시에 있는 공장에서 제조되었고, 이에 따라 지역경제에도 기여하고 있다.

성공적으로 수행하는 데 결정적인 재원이 필요했다. 상당한 기금이 조성되었고, 오히사마신포에너지㈜가 '오히사마기금'에 투자하였다. 이로써 평범한 시민들(잠재적인 수익으로부터의 이익을 고려하여 프로젝트의 초기 재원 마련에 기여한 사람들)이 투자자가 되었다. 여타의 크고 작은 규모의 기금과 함께 충분한 기금이 조성되어 첫 번째 태양열 집열판이 설치되었다. 조달된 전체 액수는 일화 7억5,860만 엔(미화 950만 달러)였다.

3. 태양에너지 정책에 대한 시민 기반 접근방법의 핵심적인 구성 요소

이니셔티브의 기원은 1996년 이다 시정부가 '21 이다 환경계획'을 채택한 지방의제21 행동계획(LA 21 Action Plan)으로 거슬러 올라간다. 여러 번의 개정을 통해 온실가스 감축과 재생에너지 기금조성, 특히 태양열 집열판 설치가 강력한 주제가 되었다. 시정부가 2004년 환경부의 자금을 받았을 때, 지역주민의 기금에 의한 사회적기업으로 모델화된 민간회사를 설립하는데 도움이 되었다. 이렇게 오히사마신포에너지㈜는 2004년 지역주민에 의해 설립되었다. 이것이 태양열 집열판 프로젝트의 이행으로 이어졌다. 오히사마신포에너지㈜는 비영리회사로 조직되었고 지역주민들이 태양에너지를 이용하도록 장려하고자 한다. 더욱이 중앙정부가 이다 시를 '생태모델' 도시 중의 하나로 선정하기로 결정함에 따라 이다의 생태에너지 도시 전략이 추진력을 얻을 수 있었다.

시정부와 오히사마신포에너지㈜는 새로운 사회적기업 프로그램을 만들었다. 회사가 사회적 투자 기금을 통해 패널 설치비용을 조달하고, 필요한 자금 일화 2억 150만 엔(미화 250만 달러)을 모금했다. 시 당국은 민간 회사로부터 20년 동안 전기를 구매하는 계약을 진전시켰다. 2010년까지 오히사마신포에너지㈜는 이다 시와 인근에서 162개 태양열 발전소를 소유하고 있다.

하지만 집열판 설치의 초기비용을 부담할 수 없는 시민도 있었다. 그래서 2009년 이다 시정부와 오히사마신포에너지㈜가 초기비용의 부담 없이 일반 가정의 지붕에 태양열 발전기를 설치할 수 있는 오히사마 제로-엔 전기시스템(Ohisama Zero-yen Solar Electricity System)이라는 시스템을 내놓았다. 태양열 발전 시스템을 설치하는 데 들어가는 큰 초기비용을 지불하는 대신에 각 가정이 9년 동안 소액의 고정비용을 지불한다.

오히사마신포에너지㈜는 민-관, 민-민 파트너십을 통해 지방의 신용협동조합과 은행의 융자로 이 프로젝트를 진척시켰다. 시정부가 프로그램을 광고하였고, 또한 중부전력㈜의 전력 구

매와 관련된 이익과 더불어 근린 지역사회단체들의 지원을 받았다.

4. 성공 요인

환경 정책 전문가뿐만 아니라 선출직 시장의 *정책 리더십과 파트너십의 촉진*이 이 프로그램에 절대적으로 필요했다. 이것이 오히사마 제로-엔 프로그램의 발전에 필요한 이다 로컬 거버넌스의 굳건한 토대를 확립했다. 민-관, 민-민 파트너십을 개발할 때 정부 리더십 또한 주목할 만했다.

아래로부터의 접근방법: 적극적으로 참여하는 지역주민들과 그들을 사회적기업 발전 과정에 참여시킨 것이 프로그램의 성공에 중요하게 작용했다. 지역주민들이 프로젝트의 소유의식을 갖게 함으로써 그들이 태양에너지를 더 많이 이용하고 프로젝트 성공의 중요한 요인으로 작용하게 하였다.

*민-관 파트너십*이 프로그램의 역동적인 변화를 가져왔다. 오히사마신포에너지㈜가 이 프로젝트의 계획과 집행에 중요한 역할을 담당했다. 재생에너지 생산에 관여한 비영리조직들의 국가적 네트워크를 활성화함으로써 투자자들을 기금 조성 이니셔티브에 성공적으로 끌어들일 수 있었다.

건물의 에너지 효율성,
도쿄(일본)

도쿄(Tokyo)의 그린빌딩 프로그램(Green Building Program)과 배출권 거래제(Cap and Trade Program)는 에너지 효율화 건축 기술을 통해 도시에서 기존 및 신규 상업용 빌딩의 탄소발자국을 줄일 두 가지 주된 혁신적인 이니셔티브였다. 도쿄가 세계에서 가장 큰 메트로폴리탄 지역이기 때문에 이 사례는 도시지역의 기후완화 시장 수단을 보여주는 강력한 선례로 자리 잡았다. 배출권 거래제와 그린빌딩 프로그램은 2020년까지 2000년 수준의 25%까지 이산화탄소 배출량을 줄이려는 도쿄 메트로폴리탄 정부의 정책 목표에 필수적인 것이다.

1. 도시에서 에너지 효율화 빌딩의 중요성

빌딩의 에너지 소비가 지구 전체 에너지 소비의 40%에 달하는 것으로 보고된다. 도쿄는 일본 전체 면적의 0.6%에 불과하지만, 일본 인구의 10% 이상이 살고 있고, 일본의 전체 온실가스 배출량의 4%를 차지한다. 빌딩은 2006년의 경우 37%를 차지한다. 이는 덴마크나 노르웨이같은 나라의 배출량에 맞먹는 수준이다. 빌딩의 탄소발자국을 줄이고 세계적인 기후변화 완화를 지원하려는 노력으로 도쿄 메트로폴리탄 정부(TMG: Tokyo Metropolitan Government)는 기존 빌딩에 관계되는 배출권

사례 개요
사례연구 144번 도쿄(Tokyo)

- 인구 : 1,300만 명(2011년)
- 도시 규모 : 2,187㎢
- ICLEI 회원 자격 : 1997년 가입
- 1인당 도시 예산 : 미화 약 6,900달러
- 1인당 GDP : 미화 70,759달러(Siemens 녹색도시지수)

거래제(C&T: Cap and Trade) 프로그램과 새로 건축되는 빌딩에 관계되는 그린빌딩(Green Building) 프로그램을 시작했다.

2. 배출권 거래제와 그린빌딩 프로그램의 성과

두 프로그램 모두 빌딩의 에너지 효율성을 확립할 적절한 법적 틀을 제공하는 것이다. 약 1,340개 시설이 C&T 프로그램의 대상이 되는데, 2010~2014년 사이의 첫 번째 적용 기간에는 6%에서 8%의 감축이 요구된다. 그리고 2015~2019년 사이의 두 번째 적용 기간에는 17%의 감축이 요구된다. 만약 어떤 시설이 감축 요구량보다 더 많이 감축한다면, 추가로 감축한 양에 대해서는 크레디트로 남겨 판매를 할 수 있다. 프로그램은 네 가지 유형으로 크레디트를 규정하고 있다.

- 다른 대상 시설들이 달성한 추가 감축량
- 도쿄의 중소 규모 시설들이 자발적으로 달성한 이산화탄소 감축량
- 도쿄 밖의 시설들이 달성한 추가 감축량
- 재생에너지(재생에너지 크레디트)를 통해 창출된 환경 가치

2002년 이래 그린빌딩 프로그램은 1,300개가 넘는 빌딩에 적용되었다. 2010년에 시행된 가장 최근의 프로그램은 다음과 같은 특징이 있다.

- 최소한의 에너지 성과 기준이 국가 기준보다 더 높게 설정되었다.
- 현장에 재생에너지 기술을 도입할 때 타당성조사가 필요했다. 소유주와 개발자들은 TMG에 제안서를 제출해야 하고,

건축될 빌딩에 도입될 태양에너지 설비를 갖추기 위한 조사과정에 관해 보고서를 만들어야 한다.

C&T 프로그램에 의해 달성된 정확한 감축량을 확인하기 위해서는 2014년 프로그램의 첫 적용기간이 끝난 뒤 계산이 필요할 것이다. 하지만 환경국(BOE: bureau of Environment)에 따르면, 대상 시설의 약 59%가 감축 의무량을 준수한 것으로 기대할 수 있다. 반면, 그린빌딩 프로그램의 경우 우수한 빌딩의 수가 증가하고 낮은 성과를 보이는 빌딩의 수는 감소하고 있다. 그린빌딩 프로그램의 대상이 되는 빌딩의 3분의 2는 일본의 합리적 에너지 이용법(Rational Use of Energy Act)에 따라 제공되는 단열 성능 기준의 보온성 성과를 초과한다. 이런 생태에너지 빌딩의 사례에는 대규모 태양열 집열판 설치, 새로운 복사 냉난방 시스템, LED 조명 등을 위한 계획을 갖고 있는 빌딩들이 포함된다. 이산화탄소를 가장 적게 배출할 수 있는 장치가 이미 설치된 빌딩에서도 증축이나 별관을 지을 때 배출량을 좀 더 줄이기 위해 더욱 개선되고 있다.

C&T 프로그램은 또한 경제 활동을 자극하기 위한 새로운 사업 모델을 만들고 있다. 이런 새로운 사업에는 중소규모 기업 설비에 의한 에너지 효율성 수단 확보 그리고 다양한 크레디트의 확인과 거래를 위해 배출량 감소 크레디트를 획득하는 것과 관련된 자문이 포함될 수 있다. 이는 궁극적으로 시장에 영향을 주는데, 생태 효율적인 상품을 생산하고 판매할 유인이 된다.

3. 핵심적인 구성 요소와 제도적 설정

배출권 거래제

2000년 TMG의 총무과와 환경국은 도쿄 이산화탄소 배출량 감축 프로그램을 도입했다. 하지만 프로그램이 자발성에 기반하다 보니 약 4분의 1만이 5% 이상이었던 배출량 감축을 달성했다. C&T 프로그램은 이런 쟁점을 개선하고자 했다.

C&T 정책결정과정 중에 TMG는 기업, 산업단체, 환경 NGO/NPO, 학계와 기술자들의 의견을 적극적으로 수렴하는 참여적 접근방법을 취했다. 하지만 2002년 TMG가 C&T 프로그램 도입 의지를 천명했을 때, 모든 기업과 산업단체들이 이 계획에 강력히 반대했다. 일본경제단체연합(Keidanren: Japanese Federation of Economic Organizations) 같은 일부 산업단체들은 이 계획이 도쿄의 경제 활동과 부동산과 개발사업 등 일부 사업을 제약할 위험

이 있다고 주장하며, 제안된 배출상한선이 과도하고 불공정하다고 생각했다.

핵심적인 이해당사자는 도쿄상공회의소(TCCI: Tokyo Chamber of Commerce and Industry)였다. 초기에는 내키지 않아 했던 TCCI가 이 계획에 지원 조치가 있을 수 있음을 알게 되었고, 도쿄 지역 안에서 중소 규모 시설의 상쇄 크레디트를 주장하였다. 결국 TCCI는 공식적으로 이 프로그램을 받아들였고, 이것이 도쿄 메트로폴리탄 의회의 의사결정에 영향을 미쳤다.

그린빌딩 프로그램

C&T 프로그램과는 대조적으로 2000년 환경국(BOE)이 도입하고 2002년에 시행된 그린빌딩 프로그램은 이해당사자들 사이에 불일치가 적었다. BOE는 국가적인 에너지 효율성 기준이 효과적으로 적용되지 못하고 있음을 인식했다. 이 기준은 도쿄의 독특한 지역적 특성에 잘 들어맞지 않았다. 그리고 도쿄의 대상 빌딩 대부분은 최저 수준의 기준을 준수할 만한 어떤 인센티브도 갖고 있지 않았다. 그래서 BOE는 자체 평가체계를 가지고 대규모 빌딩의 에너지 성과의 의무적인 공개 계획을 수립하였다.

프로그램의 조건은 연면적 5,000㎡을 넘는 신규로 건축되는 빌딩 소유주들에게 적용된다. 이런 빌딩의 소유자와 개발업자는 TMG 그린빌딩 디자인 지침에 기반하여 환경 친화적인 디자인을 적용하는 빌딩을 건설해야 한다. 소유주들은 또한 (TMG 기준에 기반하여) 자신들의 환경디자인을 설명하고 평가할 빌딩 환경계획(Building Environmental Plans)을 준비해야 한다. 그리고 빌딩 승인 허가 한 달 전에 이들 계획을 제출해야 한다.

4. 성공 요인

자료 수집과 기록: C&T 프로그램에 앞서 도쿄 이산화탄소 배출량 감축 프로그램이 대상 시설에 관한 엄청난 데이터베이스를 구축했다. 구체적인 기계장치와 인프라를 비롯하여 개인 에너지 소비의 원천들이 두드러졌다. 상세한 분석으로 TMG가 배출량을 계산하고 에너지 효율성을 위한 모범 사례들을 확인할 수 있었다. 그리고 배출량 감축 목표가 실제로 가능한지를 평가할 수 있는 증거 기반의 주장을 할 수 있었다.

법적 요구조건: 빌딩환경계획의 준비는 빌딩의 에너지 효율성 측면에서 충분하게 빌딩을 평가하는 데 중요했다. 이 계획으로 TMG는 상이한 빌딩으로 계획을 어떻게 확대할 것인지를 결정하고 더욱 효과적인 시행을 위한 척도를 강화하는 데 필요로 하는 정보를 얻는다.

*이해당사자 상호작용이 맞춤형 해결책을 제공*한다. 관련 이해당사자들과의 상호작용이 개별 기업의 요구에 따라 프로그램을 조정하고 효과적인 인센티브를 창출할 수 있다는 점에서 가장 중요하다. 시작부터 이해당사자들을 참여시킴으로써 대상과 감축 기준이 적절하고 달성 가능하게 될 수 있었다. 이런 성책과성은 또한 이해낭사자들이 스스로의 완화 기준을 개선할 수 있는 능력에 대해 좀 더 학습할 수 있는 기회를 부여한다.

2013년 유럽 녹색수도상을 수상한
지속가능도시, 낭트(프랑스)

낭트(Nantes)가 2013년 유럽 녹색수도상(Green Capital Award)을 수상하였다. 이 상은 낭트 시가 시의 성과를 널리 알리고, 평판을 향상시키며, 시민들에게 강력한 신호를 줄 수 있는 기회를 제공해 준다. 동시에 도시가 자신의 지속가능성 정책과 시민들의 더 나은 삶의 질을 향상시킬 수 있도록 장려한다. 이 상은 특히 생물다양성, 기후변화, 교통, 물과 관련된 낭트 지속가능한 도시개발 이니셔티브의 오랜 역사를 인정한 것이다.

1. 도시 지속가능성을 위한 경쟁: 도시 롤모델

유럽은 많은 환경적 난제를 가진 도시 사회다. 유럽 녹색수도상은 도시가 모범사례를 공유하고 지속가능한 도시개발 이니셔티브를 추구할 수 있는 이니셔티브를 제공하는 데 목적이 있다. 프랑스 낭트는 2013년 유럽 녹색수도상을 받았다. 낭트의 일관되고 포괄적이고 장기적인 지속가능전략이 인정받은 것이다. 이 상은 20년을 거슬러 올라가는 낭트의 성과와 헌신을 유럽 수준에서 인정받는 굉장한 기회를 부여해 주었다. 이는 시민들에게 강력한 신호가 된다. 시민들의 참여와 인식이 많은

낭트

사례 개요

사례연구 145번 낭트(Nantes)

- 인구 : 57만 9,000명
- 도시 규모 : 523㎢
- ICLEI 회원 자격 : 2008년 가입
- 1인당 도시 예산 : 미화 약 2,200달러

성공을 가능하게 만들기 때문이다. 수상 도시는 다른 도시들이 배우고자 하는 롤모델 특징을 갖고 있다.

2. 도시의 장기적인 행동에 대한 인정

2010년 들어 낭트는 정치적인 승인에 따라 유럽 녹색수도상 경쟁에 참여하기로 결정했다. 낭트 시와 낭트 메트로폴리탄 (Nantes Métropole) 정부의 모든 부서가 프로젝트의 일원이 되어 필요한 지원을 제공했지만, 전임 전담 직원들이 응모를 준비했다. 응모는 세 단계로 나뉘었다.
- 응모 양식 작성
- 심사위원들의 상세한 질문에 대한 200페이지 분량의 설명
  문서 작성
- 심사위원들에 의한 평가

이 세 가지 성공적인 단계를 거쳐 심사위원들이 결론을 내렸고, 생물다양성, 물, 교통, 기후변화 등 네 분야에서 특히 낭트의 환경적 성과를 높이 평가했다. 핵심적인 성공 요인은 일관되고 포괄적이며 장기적인 행동과 성과를 숫자와 성과지표로 보여준 낭트의 능력이었다.

20여 년 동안 낭트의 행동에는 많은 예산의 뒷받침이 있었다. 예를 들어, 대중교통을 위한 보조금이 연간 8,500만 유로(미화 1억 1,300만 달러), '넵튠(Neptune)' 계획(담수의 질을 개선하고 물 오염을 줄이기 위한 물과 폐기물 관리계획)의 통합 비용이 26,000만 유로(미화 3억 4,700만 달러)다. 이들 비용을 구분하고, 각각이 가져온 이익을 충분히 평가하기란 어렵다. 하지만 중요한 것은 모든

행동의 일관성과 통합으로 넵튠이 지속가능한 도시개발을 향해 일관되게 이동할 수 있었다는 것이다. 같은 기간 동안 10%의 인구성장 그리고 많은 기업들이 낭트에 자리를 잡고자 한다는 사실에 수익률이 반영되면서 예산은 삶의 질에 대한 투자로 여겨졌다. 이들의 선택은 환경의 질, 살기 좋음, 문화적 역동성이라는 관점에서 도시가 제공할 수 있는 것이 무엇이냐에 바탕을 둔다.

3. 장기적이고 포괄적인 비전을 성공시키다

낭트를 이전 1980년대의 산업 및 항구도시로부터 생태-메트로폴리스로 전환시키기 위한 글로벌 전략이 설계되었다. 여기에는 개선된 삶의 질, 사회적 포용, 문화적 부흥 그리고 도시 스프롤 현상, 온실가스 배출, 자연환경 보전과 같은 핵심적인 난제를 처리하려는 방침이 포함된다. 이 전략은 도시 공공서비스, 지방의제21 원칙 등의 지속가능발전 도구, 도시 간 관리 그리고 이들로 인해 지속가능한 도시개발을 달성할 수 있는 포괄적인 행동의 기회를 얻었다는 인식 등에 바탕을 두고 있다.

이행을 위한 거버넌스 모델은 지방 이해당사자들의 지지와 참여에 기반하고 있다. 시민사회의 대표들로 구성된 발전위원회가 가장 주목할 만하다. 이 위원회는 보고와 권고를 통해 자문을 수행한다. 낭트 메트로폴리탄 정부가 재정적으로 지원하는 환경 NGO들의 네트워크도 설립되었다. 프랑스에서 가장 초기의 의제21 작업 중의 하나로서 지방의제21 형태의 지속가능한 관리 원칙은 1997년에 채택되었다. 이것이 2006년에 채택된 새로운 메트로폴리탄 2세대 의제21은 지구적 공공정책으로의 통합을 비롯하여 100개 이상의 행동을 포함한다. 예를 들어, 낭트는 유엔 기후협상의 기후변화에 대응하고 조치를 취하는 데 지방 수준의 행동이 중요함을 국제적 참여와 도시 네트워크를 통해 보여주고 있다. 현장에서의 행동은 다음과 같다.

기후변화행동: 지방의 행위자들과 함께 만든 2006년 의제21은 기후변화를 우선적으로 강조한다. 2007년에는 의회가 기후행동계획을 승인했다. 완화 조치가 취해지는 교통, 주택, 서비스, 산업 등 4대 주요 에너지 소비 부문에서 1990년과 2003년의 이산화탄소 배출 목록을 바탕으로 계량적인 목표가 설정되었다.

교통: 대중교통으로의 전환은 1980년대 '자동차를 위해 설계된 도시'의 거부와 대중교통체계로서 노면전차(tramway)의 재도입으로 시작되었다. 프랑스에서 낭트가 처음으로 행하고 아이디어가 다른 도시들로 확산되었다. 낭트는 대여 자전거, 카셰

어링, 고품질의 버스 등을 비롯하여 주민, 노동자, 관광객을 위한 광범위한 이동 수단을 제공한다. 교통 투자 정책을 통해 낭트는 이동 수단과 도시 교통의 질을 향상시켜 왔다. 이것이 간편하고 효율적이며 자동차에 대한 의존에서 벗어나는 지속가능한 교통체계를 창출했다.

폐기물: 폐기물-지역난방시스템 그리고 폐기물 수거과정의 민관 공동 관리를 위한 강력한 조치가 시행되었다.

물: 강의 담수의 질을 개선하고 폐기물의 수질 오염을 줄이기 위해 식수에서 폐기물 관리에 이르기까지 넵튠(Neptune)이라고 불리는 4개의 포괄적인 계획이 1990년부터 시행되어 왔다.

생물다양성: 낭트 메트로폴리탄 지역을 생물다양성 보호 도시로 만들고, 예컨대 쓰레기를 줄이고 도시 스프롤 현상에 대응함으로써 자연과 다양한 구성 요소들을 보호하는 것이 목적이었다.

4. 성공 요인

전략과 장기적인 행동을 위해 *시민들과의 합의*가 필요하다. 프로젝트와 정책을 시민들과 공유될 필요가 있다.

정치적 임기나 정부의 변화에 관계없이 *정치적 일관성*과 장기적인 이니셔티브에 대한 방침이 매우 중요하다. 낭트가 지속가능성 성과의 오랜 역사를 보여준 것이 유럽 녹색수도상 심사과정에서 경쟁력을 확보하는 데 가장 중요했다.

*주요한 지표들*을 달성하는 것은 도전일 수 있지만, 성과를 측정하고 진척에 관해 보고하며 시민들의 인식을 제고하는 데 중요하다.

롤모델에 *시상*하고 다른 도시가 따를 수 있는 목표를 설정하는 것이 유럽 녹색수도상의 중요한 측면이다. 낭트의 사례는 도시가 도시 지속가능성의 성과를 보여주고 모범사례를 공유하면서 그 도시에 대한 인정과 시민의 인정도 받을 수 있는 유인을 제공해 주었다.

레이캬비크

녹색클리닝과 지속가능한 조달, 레이캬비크(아이슬란드)

레이캬비크(Reykjavík)의 녹색클리닝 프로그램은 지속가능한 조달에 관한 뛰어난 사례다. 환경과 인간의 건강에 주는 부정적인 영향을 최소화하는 방식으로 공공의 청소계약이 이뤄지도록 한 것이다. 청소계약을 위한 조달 과정에 환경기준이 필요조건으로 부가되었다. 결과는 인상적이었다. 청소비용은 절반으로 줄었고, 이 프로그램으로 녹색클리닝 기술을 활용하는 청소 서비스 제공자들의 시장을 장려할 수 있었다.

1. 녹색 공공조달

레이캬비크 시의 녹색클리닝 프로그램(Green Cleaning Program)은 지속가능한 구매의 여러 가지 장점을 보여준 아이슬란드에서 견인차 역할을 해 왔다. 오늘날의 난제는 제품과 화학물질을 생산하기 위한 자원 개발만이 아니라 폐기물을 흡수할 수 있는 환경의 제한적인 용량이다. 가정과 사무실 등을 청소하는 데 사용되는 세정제는 일반적으로 화학물질이다. 이는 인간의 건강과 자연환경에 영향을 미칠 수 있다. 화학물질의 해로운 농도는 지속가능한 조달 기준을 통해 쉽게 줄일 수 있다. 환경인식은

레이캬비크

사례 개요
사례연구 146번 레이캬비크(Reykjavík)

- 인구 : 12만 명
- 도시 규모 : 275㎢
- ICLEI 회원 자격 : 2002년 가입
- 1인당 도시 예산 : 미화 약 4,025달러
- 1인당 GDP : 미화 39,500 달러(아이슬란드)

높지만, 이런 녹색클리닝 제품과 서비스에 대한 시장의 반응은 더딘 편이었다. 레이캬비크의 녹색클리닝 프로그램은 시장에 강력한 신호를 주면서 폭넓은 긍정적인 변화로 이어졌다.

2. 레이캬비크: 녹색클리닝 서비스의 증가

녹색클리닝 프로그램은 시정부가 조달 과정을 통해 환경적으로 건전한 청소 서비스를 운영하겠다는 것이다. 모든 청소 서비스 제공자들이 ISO 14001 관리시스템을 인증받는 것이 목표 중의 하나다. 노르딕 스완(Nordic Swan) 마크를 받거나 이에 상당한 기준을 충족시키는 것이다. 조달 과정의 이 새로운 기준은 2009년 새로운 시청사(연면적 10,218㎡)에 처음 도입되었고, 그 다음으로 레이캬비크의 63개 유치원(30,353㎡)에 적용되었다. 환경마크를 받은 청소업자들이 입찰 계약에 성공했다.

레이캬비크는 시가 구매하는 녹색클리닝 서비스의 비율을 2009년 거의 0%에서 2011년 74%로 증가시켰고, 환경마크를 받은 화학물질은 95%에 이르게 되었다. 이로 인해 환경에 대한 부정적인 영향이 크게 감소하게 되었다. 예컨대, 신규 업무용 빌딩의 화학약품 소비는 65%가 감소했고, 유치원에서는 33%가 감소된 것으로 추정되었다. 재정적인 이익은 특히 인상적이었다. 청소비용은 위에서 언급한 두 입찰을 통해 50%까지 줄어 전체적으로 연간 미화 77만 달러를 절약할 수 있었다. 시의 업무용 빌딩에서 비닐 봉투를 크게 줄여 연간 미화 약 1,300달러를 절약할 수 있었다. 그 결과 서비스의 질은 향상되고 청결에 대한 불만은 줄었다.

녹색클리닝 프로그램의 가장 중요한 성취는 시장에 좀 더 녹색적인 청소 서비스를 공급하려는 인센티브 정책이었다. 성공적인 시범 프로젝트가 레이캬비크와 아이슬란드 전체에 광범위한 녹색클리닝 운동을 시작했다. 이것이 청소 서비스 제공자들로 하여금 환경 친화적인 방법과 제품을 사용하도록 장려했다. 이 프로그램이 청소 서비스에 대한 노르딕 스완 마크 출원의 붐을 촉진했다. 시장 점유율은 10%에서 50%로 증가했고, 노르딕 스완 마크를 받은 서비스 제공자들의 수가 증가하였다.

3. 레이캬비크의 질 높고 환경 친화적인 청소

환경과의 지원과 더불어 시정부의 조달국(Procurement Office)이 2009년 녹색클리닝 프로그램을 개발했고, 그 집행 책임을 맡고 있다. 프로그램은 시정부 각 부서의 역할을 강조한 2009년의 '환경행동계획(Environmental Action Plan)'을 비롯해 시가 정한 환경 조치들에 바탕을 두고 있다. 그리고 조달 과정에서 환경보호 측면의 좋은 사례를 만들고 있다. 또한 녹색 조달에 관한 아이슬란드 국가행동계획(National Acion Plan)과 유럽 2020 전략같은 국제 전략과 긴밀하게 연결되어 있다.

시정부 주요 부서들이 새 빌딩으로 이동할 때, 시의 운영을 녹색화할 수 있는 전례 없는 기회가 생겼다. 프로그램 시행 이전에 시장에 대한 연구 분석이 이뤄졌고, 아이슬란드 시장에는 환경마크를 가진 청소 서비스 제공자가 단 군데밖에 없음을 알게 되었다. 조달국의 실무팀은 모든 청소 서비스 제공자들이 ISO 14001의 인증 또는 노르딕 스완 마크를 받거나 이에 상당한 기준을 충족시키게 만드는 것이 프로그램 목표 중의 하나라고 분명한 방침을 밝혔다.

　　이런 목표를 달성하기 위해 점차로 두 개의 중요한 시범 프로젝트가 시행되었다. 2009년 3월 새로운 시청사의 청소계약이 녹색클리닝 프로그램의 후원 아래 이뤄진 첫 번째 조달 과정이 되었다. 2009년 9월 시의 63개 유치원에 대한 청소 계약에 입찰 과정이 진행되었다. 새로운 시청사에 적용된 조달과 유사한 과정이 적용되었다. 두 과정은 다음과 같이 이뤄졌다.

- 소날국과 환경과의 입찰 과정을 위한 서류 준비
- 청소를 50%까지 줄일 수 있고 업무시간 동안 청소가 이뤄질 수 있음을 보여주는 요구 분석의 실행
- 좀 더 환경 친화적인 제품의 사용, 청소 시간의 감소, 비용 효과성, 화학제품 소비의 감소 등 지속가능한 조달 캠페인인 프로큐라(Procura+)의 기준, 노르딕 스완 환경마크, ISO 14001 표준을 고려

입찰 과정에 따라 노르딕 스완 환경마크 인증을 받은 청소 서비스 제공자가 두 계약을 모두 따냈다. 이는 품질, 환경보호, 재정적 이익이라는 관점에서 아이슬란드 청소 조달의 성격을 전환시킨 획기적인 일임을 보여 주었다. 이 성공적인 시범 프로젝트가 레이캬비크의 녹색클리닝에 관한 광범위한 프로그램을 촉진시켰고, 녹색클리닝 서비스를 제공하려는 여타의 청소 서비스 제공자들을 고무했다.

4. 성공 요인

*단계적 접근방법*이 성공적임을 입증했다. 두 개의 시범 프로젝트로 시작하여 녹색클리닝 프로그램에 대한 광범위한 반응을 촉발시켜 지역적으로나 국가적으로 반향을 일으켰다.

*환경마크 기준*이 프로그램에 필수적이었다. 청소의 환경적 질을 개선하는 촉매가 되었을 뿐 아니라 녹색클리닝 제품과 서비스의 시장 점유율을 높였다.

지방의제21과 국가적 협력: 관련 이해당사자들을 참여시키기 위한 적극적인 관여가 이뤄졌다. 이는 민과 관의 지지를 얻고 기준을 발전시키기 위해 프로그램에 중요한 것이었다.

프로큐라 캠페인과 '에코프로큐라(EcoProcura)' 국제회의(2006년 바르셀로나, 2009년 레이캬비크)같은 지속가능한 조달 관련 행사를 통한 *국제적 지원*이 지식공유와 역량구축을 위해 훌륭한 제도적 틀을 제공해 주었다.

환경친화적인 제품이라는 관점에서 *대안의 가용성*이 프로그램을 활성화하고 지속가능한 조달 원칙이 입찰 과정에 통합될 수 있게 하는 데 필수적이었다.

요구 분석이 개선점을 강조하기 위한 중요한 방법론이다. 부정적인 환경영향과 청소시간의 단축을 위한 대안을 파악하는 데 중요했다.

사회적 포용과 삶의 질을 개선한 지방행동, 베찡(브라질)

베찡(Betim)의 파르키 두 세드루(Parque do Cedro) 인근 주민들이 미나스제라이스에너지회사(Minas Gerais Energy Company), 도시 정부, 재생에너지 및 에너지 효율성 종합자료관(Renewable Energies and Energy Efficiency Reference Center)과 협력하여 지방의 지속가능성을 촉진하고 지방 공동체를 위한 기본 서비스를 확보하기 위해 중요한 첫발을 내디뎠다. 파르키 두 세드루 공동체는 시민행동과 풀뿌리 수준의 접근방법이 이전에는 방치되었던 무허가 주거지의 전환적인 개선을 촉발시킨 사례다.

1. 무허가 주거지의 부정적인 측면을 극복하기 위한 공동체 행동

도시의 계획되지 않은 무허가 주거지들이 브라질의 난제다. 이는 경제적, 사회적, 환경적 곤궁의 징후이자 원인이다. 파르키 두 세드루 공동체(Parque do Cedro)는 이런 거주지 중의 하나다. 사실 이곳 주민들은 국법을 어기고 있었다. 이 거주지는 급속한 도시화 과정에서 불법적인 토지 매매의 결과로 환경보호지역에 형성되었다. 부족한 서비스 제공에 대응하여 파르키 두 세드루 공동체는 정부와 해결책을 놓고 교섭에 나섰다. 공동체의 관점에서 보면, 가장 긴급한 쟁점 중의 하나는 물, 위생, 교

베찡

사례 개요
사례연구 147번 베찡(Betim)

- 인구 : 43만 5,000명
- 도시 규모 : 346㎢
- ICLEI 회원 자격 : 1998년 가입
- 1인당 도시 예산 : 미화 약 1,320달러
- 1인당 GDP : 미화 26,500달러(2011년, 세계은행)

통, 통신 인프라, 에너지 공급을 비롯한 기본 서비스의 부족이다. 더욱이 전력망은 불법이고 위험하다. 사람들이 '공짜' 전기에 접근하기 위해 전력망을 불법적으로 이용하기 때문이다. 이는 불법일 뿐만 아니라 그들이 야기하는 정전과 세수 손실을 통해 경제적 비용이 상당하다. 에너지 소비를 안전하고 효율적으로 할 수 있는 유인도 존재하지 않았다.

2. 사회적 포용의 증가, 에너지 효율성 그리고 삶의 질의 개선

지역공동체가 가까스로 지방정부의 주목을 얻어내고 서비스에 대한 요구와 기존 법적인 틀 사이의 문제점을 해결하게 되었다. 후속적인 협력으로 파르키 두 세르두 주민들을 위한 상당한 개선이 이뤄졌다. 먼저 베씽 시정부가 파르키 두 세르두 공동체를 위해 법적, 제도적 틀을 만들었다. 에너지를 비롯한 기본 서비스와 인프라를 법적으로 제공할 수 있게 하였다. 이전에는 불법 접속으로 공급되었던 400가구에 대해 신뢰할 만한 법적 전력공급이 미나스 제라이스 에너지 회사(CEMIG: Minas Gerais Energy Company)에 의해 이뤄졌다. 2010년까지 공동체 전체 가구가 전력망에 접근할 수 있었다. 추가로 285세대는 32대의 냉장고, 25개의 전기 샤워헤드, 1,200개의 전구를 비롯하여 비효율적인 가전제품들을 교체받았다. 이런 성공이 지역공동체의 노력에 동기를 부여하였다.

그 과정에서 지방정부는 토지등기소와 도로망을 제공하였다. 지역공동체가 처음으로 공식 우편 주소를 받았다. 이는 주민들에 대한 사회적 포용과 공동체의 공식화를 향한 중요한 조치였다. 새로운 네트워크를 통해 쓰레기 수거 트럭에 접근이 용이하게 됨으로써 지역 환경이 개선되었다. 이전에는 쓰레기가 인근 수원지에 버려졌다. 더욱이 새로운 인프라로 인해 스쿨버스와 여타의 대중교통 수단에 대한 접근성도 좋아졌다. 파르키 두 세르두에 살고 있는 사람들의 전체적인 복지, 공동체에 대한 큰 자부심, 삶의 질을 향상시켰다.

여타의 다양한 제도적, 물리적 개선도 있었다. 아동 교육과 사회적 활동을 위한 도시 아동 돌봄서비스가 시작되어 120명이 넘는 아이들에게 전일 돌봄서비스가 제공되었다. 재생에너지 및 에너지 효율성 종합자료관(CRER: Renewable Energies and Energy Efficiency Reference Center)의 조언으로 태양열 난방기 설치를 위해 CEMIG과 협상이 진행 중에 있다. 미나스제라이스위생회사(COPASA: Minas Gerais Sanitation Company)와의 협상도 물 공급과 하수 처리를 위해 유사한 절차를 거치고 있다.

3. 사회적 지속가능성을 위한 지방행동 활성화의 핵심 요인

2005년 지역의 한 비영리단체의 대표인 에라스모 카를로스(Erasmo Carlos)가 지역의 변화 과정을 이끌기 시작했다. 민주적 대화와 회의를 통한 공동체의 신뢰를 바탕으로, 개선을 모색하는 지방정부와의 교섭을 위해 대표자회의가 만들어졌다. 2007년과 2008년 사이에 무허가 주거 지역에서부터 사회적 관심 지역에 이르기까지 지역을 재분류하면서 공동체가 필요로 하는 필수적인 서비스를 받을 수 있도록 법적 토대와 틀을 제공할 수 있었다. 이는 2007년 10월 베찡의 도시운영계획(Steering Plan of the Municipality of Betim)을 수정한 제4574호 법안에 의해 이뤄졌다. 이 법안이 파르키 두 세르두를 '도시 및 사회 환경(Urban and

Socio-Environmental)' 법정 관심 지역으로 규정하였다.

　이 법의 제정으로 이 지역의 정부 행동이 허용되었다. 이제 에너지 공급자인 CEMIG이 에너지 효율성 프로그램(공생 프로젝트)를 통해 전력망을 개량하였다. 이 프로그램의 목적은 신뢰할 만하고 안전한 전기를 공급하고, 불법적인 접속을 근절하는 것이다. 무슨 일을 하고 있는지를 설명하고 에너지 소비와 에너지 효율성에 대해 교육하고 정보를 제공하기 위해 주민과의 의사소통 통로가 마련되었다. 광범위한 지지가 있었고, 이런 사회적 참여운동이 지방정부로 하여금 주민들의 요구와 그들의 빈곤 상태 개선에 우선순위를 두게 하였다. 주민위원회와 새로 만들어진 지역 행정센터가 이런 논의와 협력을 용이하게 해 주었다.

4. 성공 요인

*도시 서비스의 공식화*가 경제적 절약뿐만 아니라 환경적으로나 사회적으로 공평하게 활용할 수 있게 만든다.

에너지 소비에 관한 *인식 제고와 교육*이 에너지 효율성 기술에 필수적이다. 이것이 에너지 계획, 공급, 관리에서 지속가능한 에너지 절약 수단을 위한 구성 요소다.

재생에너지 이용의 확대를 모색하는 *에너지 공급자와의 연계*가 중요한 이익을 가져올 수 있다. CRER은 지역에서 에너지 효율성과 재생에너지를 장려하려는 중요한 행위자들에게 영향을 미쳤다.

서로 다른 지역의 사람들이 자문그룹을 형성하기 위해 모이는 *종합자료관*이 전문가, 공공조직 시민사회로 하여금 청정에너지 촉진을 위한 공공정책의 개발 과정 참여를 장려하는 중요한 역할을 보여 주었다.

*상향식 접근방법*이 성공의 관문이다. 조직적인 방식으로 행동할 때 지역공동체가 목표와 목적을 달성할 수 있다. 이로 인해 신속하고 효과적인 변화를 가로막는 정치적 또는 관료적 장애 요소를 공동체가 극복할 수 있었다.

기후변화 완화와 적응을 위한 제도적 틀의 제공, 베라크루즈 주(멕시코)

기후변화는 멕시코에서 심각한 난관이다. 그 잠재적인 악영향이 인간의 복지와 자연환경에 심각한 결과를 초래할 수 있다. 베라크루즈(Veracruz) 주는 멕시코에서 기후변화 완화 및 적응 프로그램을 시행한 첫 번째 주다. 베라크루즈 기후변화 프로그램(Veracruz Program against Climate Change)과 후속적인 기후변화 영향에 대한 완화와 적응에 관한 법률(State Law on Mitigation and Adaptation)이 기후변화에 대응하기 위한 행동을 촉진하고 지방 수준에서 취약집단을 보호하는 데 중요하다.

1. 기후변화: 베라크루즈의 긴박한 현안

베라크루즈(Veracruz) 주는 멕시코에서 기후변화 영향에 가장 취약한 주 중의 하나다. 기후변화 시나리오는 2100년까지 해수면이 100cm에서 150cm까지 상승할 것으로 예측한다. 멕시코만(Gulf of Mexico)의 멕시코 연안은 잠재적으로 50만 헥타르의 목초지, 25만 헥타르의 경작지, 8,000헥타르의 기존 열대우림 마을을 잃게 될 것이다. 더욱이 다른 지역에서는 섭씨 2도의 온난화와 약 10%의 강우량 감소로 극치강우와 홍수도 예상된다. 이런 변화는 특히 농업 생산뿐만 아니라 인간의 건강과 생물다양

베라크루즈

사례 개요
사례연구 148번 베라크루즈(Veracruz)

- 인구 : 760만 명
- 도시 규모 : 346㎢
- ICLEI 회원 자격 : 2010년 가입
- 1인당 도시 예산 : 미화 약 750달러
- 1인당 GDP : 미화 5,417달러(2007년, Wiki)

성에도 영향을 주게 될 것이다. 동시에 예비 목록에는 베라크루즈가 멕시코 전체의 배출량 중 약 8.9%에 해당하는 약 2,700만 톤의 이산화탄소를 배출한다고 나타나 있다. 이런 난관에 대응하여 베라크루즈 주는 기후변화 대응 프로그램(State Program against Climate Change)를 개발했다. 멕시코에서 개발된 첫 번째 기후변화 관련 프로그램 중의 하나다.

2. 베라크루즈의 온실가스 배출 감소를 위한 완화 노력의 확대

베라크루즈 주 정부는 2016년까지 온실가스 배출량을 5%까지 줄인다는 목표를 갖고 있다. 이는 이산화탄소 140만 톤에 상당하는 것이다. 이를 달성하기 위해 베라크푸즈 주 정부는 베라크루즈 기후변화 대응 프로그램을 준비했다. 가장 중요하게는 2010년 11월에 제정된 기후변화 영향에 대한 완화 및 적응법(Mitigation and Adaptation to Climate Change Effects Law)을 통한 강력한 법적 토대를 갖췄다. 두 프로그램은 기후변화에 대한 적응과 완화라는 측면에서 주의 지방정부들에게 제도적 토대를 제공해 준다. 프로그램의 전략적 주제는 탐지와 추적, 온실가스 배출량 감축, 생물다양성, 수자원, 연안 생태계, 경제, 사회 등을 포함한다. 사람들의 복지를 보장하고 경제발전을 유지하기 위해 주정부는 기후 관련 난제를 전향적으로 다루기 위한 중요한 방법으로 기관 간, 부문 간 조정을 인식해 왔다. 베라크루즈는 이제 상이한 접근방법을 통해 많은 지역에서 진척을 보여주고 있다.

바이오디젤로 바꾸기 위해 폐식용유를 수거하는 '바이오디젤: 국민의 전력(Biodiesel: The Power of the People)' 캠페인을 장려하기 위해 바이오 연료 회사 de Mexico SA Biofuels de CV와의 협력 협정이 이뤄졌다. 이 프로그램은 기름을 적절히 침전시키고, 수질 오염을 피하고, 바이오디젤을 생산하며, 교통이나 산업용 에너지로 활용한다는 것이다. 첫 네 달 동안 할라파(Xalapa) 시에서 153리터의 폐식용유가 수거되었고, 현재는 여타의 도시들도 이 캠페인에 동참하고 있다.

미국 국제개발처(USAID: United States Agency for International Development)와의 조정을 통해 25개 지방자치단체의 67개 지방 기관들이 재생에너지로 전력을 생산하기 위한 사업계획 개발의 훈련을 받아왔다. 이 프로그램이 시작된 이래 5개의 사업계획이 개발되었다. 농산업과 산업 부문에서 난방용 태양에너지를 장려하기 위해 멕시코 Copper AC 진흥센터(Mexican Center for the Advancement of Copper AC)와의 협력이 이뤄졌다. 주정부가 조직한 컨퍼런스들에서는 신규 건축 시의 규정을 변경하자는 제안이 있었고, 논의되었다.

베라크루즈 기후변화 대응 프로그램을 지원하기 위한 지방 대학과의 협력이 이뤄졌다. 주된 협력의 형태는 온실가스 배출목록의 준비와 기후변화 적응에 관한 지침을 제공하는 것이었다. '기후변화 완화 및 적응을 위한 주 협의회(State Council for the Mitigation and Adaptation to Climate Change Effects)가 기관들 간의 조정을 촉진하기 위해 만들어졌다. 이 협의회는 법률이 정한 행동을 지원하고 책임을 맡는다. 개발기관들과의 기술 협력은 다음과 같이 수행된다.

- USAID와의 기술 협력은 재생에너지에 관한 지식을 지방자치단체에 공유시키기 위해 이뤄졌다.
- 영국 대사관은 태양에너지에 관한 연구를 준비하기 위한

재원을 제공해 왔다.

- 국립생태연구소(National Ecology Institute)는 멕시코만의 연안 습지에서 세계은행(World Bank)이 기금을 마련한 적응 프로젝트 내의 시범 행동을 위해 알바라도(Alvarado) 시를 선정했다.

3. 필요한 제도적 역량의 구축

베라크루즈 기후변화 대응 프로그램의 주된 책임은 2010년 12월에 설립된 베라크루즈 주 환경부가 맡고 있다. 하지만 2008년 초기 단계에 주립대학교 시민보호학과(Department of Civil Protection)의 기후변화연구센터(Center for Climate Studies)가 설립된 때로 거슬러 올라갈 수 있다.

베라크루즈 주는 기후변화 영향에 대한 완화 및 적응을 위한

주 위원회(State Board for Mitigation and Adaptation to Climate Change Effects)를 하나의 틀로 설치했다. 이 위원회는 기관 간 행동의 조정 책임을 진 기관으로 활동했다. 이들의 자문은 기존 프로그램과 이후 6년 동안의 주 전체 전략을 개발하는 데 도움을 주었다. 또한 다음과 같이 기여하였다.

- 기후변화 완화 및 적응을 위한 주 협의회를 통해 주의 기후 변화 정책결정 과정에 상이한 사회 부문들의 참여를 장려
- 주의 완화 및 적응에 관한 법률의 준수를 감시
- 온실가스 배출을 줄이고, 공공, 민간, 기관 및 사회적 행위자들과 함께 기후변화에 적응하기 위한 협력 행동을 촉진하고 장려
- 주에서 재생에너지 이용을 장려하고, 청정기술의 적용을 위해 수행되는 프로그램을 증진
- 기후변화 문제를 다루기 위한 행동의 설계와 이행을 뒷받침하는 연구의 개발을 위해 국제적인 지원 기관들뿐만 아니라 연구 및 학술기관들과의 협력을 구축하고 장려
- 온실가스 감축 행동과 기후변화 영향에 대한 적응 재원을 마련하기 위해 국가적, 국제적 자원을 관리
- 주정부와 지방정부 수준에서 완화와 적응에 관련된 기술을 개발하는 데 필요한 기법을 교육하고, 자원에 대한 시민들의 자기 관리 능력을 증진

4. 성공 요인

이해당사자를 참여시키고, 공공정책 수단을 구상할 때 기준 온실가스 목록에 관한 정보를 비롯한 기존 정보와 연간 갱신 정보를 활용하는 것이 프로그램의 성과에 중요했다.

법적 틀을 마련하고, 모니터링과 기관 간 조정을 위한 조직체를 만드는 것 또한 매우 중요하다. 시행을 위해 법적 틀이 필요하고, 프로그램에 신뢰를 부여하는 데 필수적이다.

방침과 포괄적인 정책을 통해 베라크루즈 주정부는 주정부의 예산, 연방과 국제기금을 활용하면서 계속해서 기후변화 정책에 앞장서고 있다.

기후변화의 악영향을 피하기 위해
'비바람에 맞선' 토론토(캐나다)

토론토의 기후적응 전략인 '비바람에 맞선(Ahead of the Storm)' 은 기후변화의 악영향에 대비하기 위한 시정부의 포괄적인 계획이다. 기후변화의 결과로 나타나는 전례 없는 기후 유형과 피해에 의해 자극을 받은 토론토(Toronto) 시가 시의 서비스와 인프라에 대한 잠재적인 위험을 평가하기 위한 새로운 도구를 개척하고 개발하였다. 기후변화 위험관리에 관한 지식을 쌓는 데 기여하는 기후변화 위험평가도구(Climate Change Risk Assessment Tool)는 새로운 적응 전략에 필수적인 것으로, 세계에서 가장 선구적인 것 중의 하나다.

1. 토론토 기후 보강

토론토는 이미 기후변화의 영향을 체감하기 시작했다. 2005년 여름 동안 토론토의 평균 기온이 섭씨 30도인 날이 41일이었다. 1961년과 1990년 사이에 평균적으로 경험한 무더운 날의 거의 세 배다. 같은 해에 시는 폭우(3시간 동안 150㎜의 강우량)를 경험했는데, 갑작스러운 홍수로 이어졌고 캐나다 달러로 5억 달러(미화 5억 달러)로 추정되는 재산 피해를 입었다. 반대로 2007년에는 95일 연속 거의 비가 내리지 않는 50년 만에 가장 건조한 여름을 경험했다. 그리고 2011년에는 기록적으로 가장

사례 개요

사례연구 149번 토론토(Toronto)

• 인구 : 250만 명
• 도시 규모 : 632㎢
• ICLEI 회원 자격 : 1992년 가입
• 1인당 도시 예산 : 미화 약 4,040달러
• 1인당 GDP : 미화 47,700달러(PWC)

무더운 날을 경험했다. 이런 사건들이 시가 핵심적인 프로그램과 서비스를 전달할 수 있는 능력에 영향을 미쳤고, 만성 또는 기존의 질병을 앓고 있는 위험집단, 노숙인, 고령층을 비롯하여 토론토에서 가장 취약한 계층에 영향을 주었다. 이에 대응하여 토론토 시 환경국(Environment Office)이 '비바람에 맞선(Ahead of the Storm)'이라는 광범위한 기후적응 전략을 개발하였다.

2. 효과적인 기후변화 복원력을 위한 토대의 마련

토론토의 기후적응 전략의 중요한 결과는 포괄적이고 혁신적인 기후변화 위험평가도구(Climate Change Risk Assessment Tool)의 개발이었다. 이 도구는 (국제적인 위험관리 표준인 ISO 31000과 ISO 14001에 맞춰) 서비스와 인프라 제공자들이 기후변화로 인한 위험에 우선순위와 동급을 매기는 데 도움을 주는 컴퓨터화된 프로그램이다.

교통서비스국(Transportation Services)과 주거지원주택행정국(Shelter Support and Housing Administration)이 이 도구의 시범 적용 대상이 되었다. 교통서비스국은 도로, 다리, 지하수로, 교통신호등, 제설 설비(snow plowing and salting)를 비롯하여 90개 이상의 도로 인프라 자산과 서비스를 조사했다. 주거지원주택행정국은 대규모 아파트 건물, 여성 주거지, '거리에서 집으로(Streets to Homes)'라고 알려진 노숙인을 위한 프로그램 등을 조사했다. 교통서비스국의 위험평가팀은 역사적인 경험에 기반하여 7가지 관련 날씨 현상을 확인했다. 여기에는 결빙/해빙, 심한 눈, 더위, 추위, 진눈깨비, 비, 바람 등이 포함된다. 평가가 이뤄지고, 세 가지 영역에서 우선적인 중요 자산(95개 상위 중요 자산과 서비스), 인프라, 서비스를 갖고 있는 것으로 확인되었다.
- 인프라 자산관리와 프로그래밍
- 인프라 운영
- 교통관리센터

더욱이 평가를 통해 미래 적응 행동을 위한 자원과 재원에 초점을 맞춘 세 가지 주요 영역이 확인되었다.
- 노후 인프라
- 다른 도시와 비도시지역의 인프라의 성과와 서비스 전달에 교통서비스가 얼마나 의존하고 있는지를 보는 상호의존성
- 우수 기술 사례

이런 발견에 기반하여 교통서비스국은 핵심 서비스를 유지하면서도 기후변화의 물리적 영향에 대비한 계획에 일련의 권고안을 발전시켰다. 권고안은 통합적인 환경과 기후 위험관리 프로그램을 구축하는 데 초점을 맞추고 있다. 여기에는 기후 위험관리 거버넌스 구조의 개발, 위험관리 과정에서 직원을 교육할 수 있는 의사소통과 훈련 프로그램의 시행, 국별 위험평가의 존속 등이 포함된다. 그 목적은 핵심 서비스를 전달하면서도 현재와 미래의 비용을 관리하는 데 도움을 주는 것이다.

도구의 개발과 시범 시행의 일환으로 위험 훈련이 시 직원들에게 이뤄졌다. 교통서비스국에서 1인의 선임 평가자와 8인의 위험 평가자가 선발되어 위험평가 과정 훈련을 받았다. 이들은 평가되는 자산과 서비스에 대한 구체적인 지식을 바탕으로 선발되었다. 약 1,700개의 위험 시나리오가 개발되었다.

시의 적응 이니셔티브 중에서는 나중에 웨더와이즈 파트너

십(WeatherWise Partnership)으로 이름을 바꾼 기상이변복원에 관한 토론토 지역행동그룹(Toronto Region Action Group on Extreme Weather Resilience)의 창립이 중요하다. 이 그룹은 토론토 시와 시민행동(Civic Action)에 의해 시작된 것인데, 시민행동은 지역의 번영을 촉진하고 위험과 관련하여 지역사회 내의 담론을 일구기 위해 민간부문의 회원으로 구성된 비영리단체다. 이 그룹은 함께 일하면서 위험을 줄일 수 있는 행동을 마련하려는 민간부문, 시 직원, 비영리단체 그리고 다른 층위의 정부 구성원들로 이뤄져 있다.

3. 요구에서 평가와 행동으로

토론토 시에서 기후변화 인식과 행동은 오랜 역사를 갖고 있다. 시 자산을 매각하여 마련한 미화 2,300만 달러를 기본재산으로 1992년에 만들어진 '토론토 대기기금(Toronto Atmospheric Fund)'의 신설과 함께 토론토는 10년 넘게 기후변화에 관한 행동을 취해 왔다. 2007년 토론토 환경국(TEO: Toronto Environment Office)은 캐나다의 기후변화 적응에 관한 쟁점과 관련하여 정부, 지방의 학계, NGO의 모임을 처음으로 소집하였다. 2007년 7월 시는 '기후변화, 청정대기, 지속가능한 에너지 행동계획(Climate Change: Clean Air and Sustainable Energy Action Plan)'을 만장일치로 채택하였다. 이 계획은 완화 행동에 주로 초점을 맞췄지만, 기후변화의 영향을 줄일 적응 행동의 밑그림을 그리는 전략이 수립되어야 함을 명시했다. 일련의 기상이변에 따라 시 환경국은 '비바람에 맞선'이라는 시 전체의 기후변화 적응전략을 개발했다. 2008년에는 시의회에서 만장일치로 채택되었다. 시는 또한 단기적, 장기적인 적응 행동을 이행하기 시작했다.

TEO는 포괄적인 다년간의 적응 과정을 개발하기 위해 시정부 각 부서와 의회의 지속적인 지지와 리더십을 확보할 수 있는 내부 메커니즘으로 시작했다. 이것이 기후변화 위험평가도구의 개발에 필수적이었다. 이는 또한 현재 도시의 관행과 관련 문헌에 대한 검토뿐만 아니라 온타리오 주(Province of Ontario)같은 핵심적인 이해당사자들로부터의 의견을 확보할 수 있게 해주었다.

4. 성공 요인

도구의 *개발과 공유*는 토론토 시가 기후변화의 아주 긴박하고 복잡한 쟁점을 다루는 데 리더십을 보일 기회를 부여해 주었다. 시는 현재 이 도구의 공유를 통해 기후변화 적응 연구 분야에 기여할 수 있는 능력을 갖고 있다.

*적극적인 이해당사자 참여*가 시의 적응 노력에 필수적이었다. 웨더와이즈 파트너십의 확립으로 기후변화와 관련된 위험과 지역사회 전체가 이런 난제에 맞서 어떻게 적응할 수 있는지에 대한 인식을 제고하기 위한 노력에 다양한 이해당사자들을 동참시킬 수 있었다.

포틀랜드

경제성장을 위한 엔진으로서의 지속가능성, 포틀랜드(미국)

포틀랜드(Portland)는 특히 경제적 불확실성 시대에 녹색일자리 창출과 일자리 유지라는 관점에서 녹색 도시경제를 지원하기 위해 어떤 정책이 취해질 수 있는지를 보여주는 좋은 사례다. 포틀랜드의 '경제개발전략(Economic Development Strategy)'은 녹색일자리, 청정기술 클러스터, 지속가능한 도시계획과 관리 등의 관점에서 지속가능한 성장전략에 초점을 맞추고 있다. 지속가능발전 정책에 대한 시의 초점이 도시의 지속가능성 부문에서 실질적인 성장을 이뤄내 녹색 도시경제를 구현하였다.

1. 경기회복 계획으로서의 녹색투자

포틀랜드(Portland)는 최근 금융위기의 경제적 악영향을 경험하고 있다. 이에 대응하여 시는 2009년 빈약한 경제성과를 다루고 일자리 생성과 유지를 위해 설계된 경제개발전략(Economic Development Strategy)을 마련했다. 포틀랜드의 접근방법은 도시의 지속가능성과 경제성장 간의 연계를 모색하는 다른 도시들에게 본보기가 되고 있다. 포틀랜드의 전략은 혁신적인 전략의 확고한 역사를 기반으로 하면서 새로운 경제성장의 궤도를 그릴 수 있도록 (경제개발과 공공정책에서) 지속가능성에 대한 투자

포틀랜드

사례 개요
사례연구 150번 포틀랜드(Portland)

- 인구 : 55만 명
- 도시 규모: 377㎢
- ICLEI 회원 자격: 1991년 가입
- 1인당 도시 예산: 미화 약 4,900달러
- 1인당 GDP: 미화 47,811달러(2008년, 미국경제분석국)

를 바탕에 두고 있다. 그렇게 함으로써 시는 어려운 경제 상황에서 어떻게 녹색 도시경제 정책이 일자리 생성, 일자리 유지 그리고 전체적인 경제적 생산성 증가라는 관점에서 긍정적인 영향을 줄 수 있을지에 대한 훌륭한 사례를 제공해 준다.

2. 지속가능정책 결정이 일자리 유지, 창출, 경제적 생산성으로 이어지다

포틀랜드는 1970년대 '도시성장의 한계(Urban Growth Boundary)'에서 시작하여 오늘날 '생태구역(Eco Districts)'의 선도에 이르기까지 도시 지속가능성에 대한 혁신적인 접근방법들을 촉진시켜 온 오랜 역사를 갖고 있다. 포틀랜드의 삶의 질은 교육 수준이 높고 창의적인 인력을 끌어들여 왔다. 포틀랜드의 성취에는 1990년과 2011년 사이의 온실가스 3% 감축이 포함된다(1990년과 2009년 사이 미국의 7.3% 증가와 비교된다). 그리고 수송과 통근의 대안, 자전거 친화성, 대기질, 수질, 토지이용 계획, 기후행동, 그린빌딩, 폐기물 관리 등에서 개선을 보여 왔다.

2009년 시의 경제개발전략 마련과 새로운 지속가능성기획국 (Bureau of Planning and Sustainability)의 신설은 경제개발과 지속가능성의 연계를 발전시키기 위한 포틀랜드 목표의 새로운 국면을 대표한다. 경제발전 노력은 시의 전략에 대한 지속가능성 통합의 영향을 나타내 준다. 현재 경제개발전략에 대한 투자는 2011년의 경우 미화 320만 달러다.

포틀랜드의 노력은 2008년 그린빌딩 클러스터의 연간 미화 약 3억 5,500만 달러에서 9억 6,000만 달러의 임금 효과를 가져왔다. 추가적으로 자전거 관련 산업은 약 9,000만 달러의 가치와 850~1,150개의 일자리를 창출하였다. 경제개발전략은 15개의 새로운 회사들을 유인하고 1,100개의 기존 일자리를 유지하는 데 도움을 주었고, 132개 지역 기업에 대한 금융 지원을 통해 1,900개 이상의 새로운 일자리를 창출하였다. 2011년 포틀랜드 메트로폴리탄 지역은 재화와 서비스를 생산하거나 부가가치를 창출하며, 결과적으로 환경 이익도 가져 오는 27,000개 이상의 일자리를 자랑하고 있다. 이들 일자리의 평균 임금은 연간 미화 43,000달러이고, 수출의 경제에 대한 가치는 14,000달러다.

지방정부와 포틀랜드개발위원회(PDC: Portland Development Commission)는 2,284개의 건설 일자리를 창출하는 데 도움을 주고자 미화 6억 달러 이상을 차입하여 투자했다. 더욱이 390개 기업이 지방, 주, 연방으로부터 미화 총 900만 달러의 융자, 보조금, 인센티브를 획득했다. 포틀랜드는 또한 태양에너지 기업인 베가스(Vegas)와 박막 제조사인 솔로파워(SoloPower), 에너지 저장 업계의 리더인 리볼트(ReVolt)가 시에서 사업체를 세우도록 유인하였다. 그 결과 751개의 신규 일자리를 창출하고, 300개의 기존 일자리를 유지했다. 시는 또한 풍력에너지 공급 체인 수용 능력을 개발함으로써 지역 풍력 회사가 미화 총 200만 달러에 이르는 판매와 서비스 실적을 기록할 수 있었다.

3. 녹색 도시경제의 개척

지속가능한 경제를 창출하고 강화하려는 포틀랜드의 노력은 도시 혁신에 대한 시의 헌신에 뿌리를 두고 있다. 1979년 시는 도시성장의 한계(Urban Growth Boundary) 정책을 채택하여 원활한 교통 시스템과 지속가능한 서비스 공급을 위해 필요한 밀도를 유지하고 있다. 1990년대 초반 이후 시는 미국에서 탄소 배출 감축 계획을 채택한 첫 번째 도시가 되면서 지속가능성의 영향력 있는 선두주자로 나섰다. 1994년 오리건 지역이 지속가능성 원칙을 채택했는데, 결국 오늘날의 지속가능성기획국(Bureau of Planning and Sustainability)이 설치되어 도시개발의 모든 측면에 지속가능성을 불어넣도록 하고 있다.

포틀랜드는 세계에서 가장 지속가능한 도시경제를 구축한다는 명확하고 야심찬 목표를 갖고 있다. 이를 달성하기 위해 시

는 2009년 도시 경제의 구조에 지속가능성을 통합하고자 노력하는 경제개발전략을 만들었다. 5개년 계획은 다음과 같은 첫번째 리우 지구정상회담(Rio Earth Summit)에서 나온 개념으로 거슬러 올라갈 수 있는 세 가지 축에 기초하고 있다.

- 지속가능한 일자리 성장(경제적 지속가능성)
- 생태지역과 함께 지속가능한 혁신(환경적 지속가능성)
- 포용적인 번영(사회적 지속가능성)

경제개발전략을 이행하기 위해 시장은 '경제 내각(Economic Cabinet)'을 설치하였다. 경제 내각은 청정기술, 소프트웨어, 연구 및 상업화, 체육 및 아웃도어 산업, 첨단 제조업 등 시의 대상 클러스터를 비롯하여 지역경제의 각 분야 대표들로 구성되었다. 경제 내각은 시장에게 자문을 하고, 투자 기회를 발굴한다. 시장실은 이 전략을 갱신할 책임을 지고, 전략의 이행을 관리한다.

시의 경제개발 기관인 포틀랜드개발위원회(PDC)는 경제개발전략의 핵심적인 측면을 수행하는 역할을 맡고 있다. 포틀랜드의 지속가능성 방침에 바탕을 둔 PDC의 임무는 "다양성을 확보하고 건강한 이웃과 함께 하는 지속가능한 공동체, 활기찬 중심 도시, 튼튼한 지역경제, 양질의 일자리와 모두를 위한 주택 등 포틀랜드의 비전을 달성하기 위한 자원을 확보하는 것"이다.

4. 성공 요인

*도시의 평판을 바탕*으로 시는 환경적, 사회적 무결성 모델과 도시의 지속가능한 관행이 튼튼하고 경쟁력 있는 경제개발전략과 통합될 수 있음을 보여주었다.

*수십 년의 현명한 의사결정과 투자*가 필요하다. 다른 도시들의 경우 공공정책과 투자에서 상당한 경로 수정이 필요할 것이다. 하지만 포틀랜드는 장기적인 전략적 사고에 기반한 행동이 가시적인 투자 수익으로 이어졌다.

*주와 지방 수준의 정책이 포틀랜드의 성과를 촉진*하는 데 도움을 주었다. 대중교통체계의 투자, 자전거 인프라, 대안에너지 이용에 대한 세액공제, 그린빌딩 규정, 토지이용 조례 등과 관련된 시의 성공적인 정책의 일부는 주와 연방 수준의 정책과 프로그램에 연계되어 왔다. 이것이 지속가능한 도시경제의 발전에 중요하다.

지속가능한 생태도시의 미래,
멜버른(오스트레일리아)

멜버른(Melbourne) 시는 멜버른의 생태도시 비전을 이행하기 위해 지방정부의 법적, 제도적 능력을 향상시킬 수 있는 혁신적인 행동을 취해 왔다. 이는 특히 새로운 재원조달 메커니즘과 관련하여 다른 층위 정부에서의 변화를 수반했다. 멜버른은 지속가능한 도시개발과 도시생활을 확보하면서도 동시에 인구 증가, 높은 생활수준, 경제성장이라는 맥락에서 지속가능한 도시개발 전략을 추구하는 도시의 실례를 보여준다.

1. 생태도시 건설, 지속가능한 도시 건설

멜버른(Melbourne)이 건실한 경제성장과 발전이 지속되는 기간을 누리고 있지만, 오늘날과 미래에 심각한 난관이 존재한다. 자연자원과 생태계에 관한 기후변화의 영향, 적응전략의 필요성, 석유가격의 상승, 상당한 인구 성장, 기존 공공 인프라에 대한 엄청난 수요, 사회적 유대의 유지 등이 그것이다. 이들 난관에 대응하기 위해 2007년 멜버른 시는 미래 멜버른 계획(Future Melbourne Plan)을 개발했다. 이 계획은 2020년까지 멜버른을 세계에서 가장 지속가능한 도시 중의 하나로 만들고자 하는 것이

멜버른

사례 개요
사례연구 151번 멜버른(Melbourne)

- 인구 : 9만 7,000명
- 도시 규모 : 38㎢
- ICLEI 회원 자격 : 1998년 가입
- 1인당 도시 예산 : 미화 약 3,700달러
- 1인당 GDP : 미화 34,000달러

다. 이 프로그램은 사람을 위한 도시, 번영하는 도시, 생태도시, 지식 도시, 창의적인 도시, 연계된 도시 등 여섯 가지 목표를 두고 있다.

2. 생태도시 달성의 핵심 요인

미래 멜버른 계획의 생태도시 구성 요소는 기후변화 영향에 사전적으로 적응하고, 자원효율성을 촉진하고, 좀 더 촘촘한 도시 형태로 도시 밀도를 높이며, 동시에 수자원과 여타의 중요한 자연자원을 보호하면서 순온실가스 배출 제로를 달성한다는 목표를 두고 있다.

이를 달성하기 위해 법적 변화가 수반되어 왔다. 예를 들어, 환경개선(Environmental Upgrade) 협약이 수립되었다. 이로 인해

오스트레일리아 금융기관들과 협력하여 의회가 상업용 빌딩 소유주들에게 환경 개보수 작업을 위한 자금을 의회가 빌려줄 수 있다. 의회는 자산에 특별한 법적 책무를 부여하여 이 기금을 벌충한다. 이것을 환경개선비용(Environmental Upgrade Charge)라고 부른다. 이는 빌딩 소유자들이 필요한 선불 금융자본에 접근할 수 있게 해준다.

또 다른 이니셔티브는 지속가능한 멜버른 펀드(Sustainable Melbourne Fund)로서, 현재는 참여 은행들과 1,200여 빌딩 프로그램 참여자들 사이에서 멜버른 시를 대표하여 매개 역할을 한다. 또한 시를 대신하여 환경개선금융을 개발하고, 평가하며, 처리함으로써 의회를 지원할 것이다. 지속가능한 멜버른 기금은 호주 달러로 500만 달러(미화 520만 달러)의 초기 투자로 멜버른 시가 2002년에 마련하였다. 이 기금의 목적은 특히 물, 에너지와

폐기물 또는 환경 및 경제 이익을 가져다주는 벤처기업과 신기술 영역의 지방 지속가능성 프로젝트에 투자할 새로운 자금 조달 기회를 확인하는 것이다.

더욱이 생태도시 비전의 강조는 2020년의 순 배출량 제로 목표를 포함한다. 이는 에너지 효율성과 에너지 소비 감소를 통해 달성될 것이다. 이것의 중요한 측면은 2010년에 착수된 1,200개 빌딩 프로그램이다. 이 프로그램은 1,200개의 기존 상업용 빌딩 또는 도시의 비주거용 빌딩의 3분의 2 이상에 대한 환경 개선을 위한 촉매다. 비주거용 빌딩의 경우 잠재적으로 연간 38만 3,000톤의 온실가스 배출량을 감축할 수 있다. 또 다른 이니셔티브는 상업용 빌딩 세입자들에 의한 에너지 이용과 효율성에 초점을 맞추는 시티 스위치(City Switch) 그리고 아파트 건물의 에너지 성과와 에너지 지도를 개선하려는 하이어스(HiRES)다. HiRES는 연방과학원(CSIRO: Commonwealth Scientific and Industrial Research Organization)과 함께 개발되었고, 멜버른의 에너지 생성 유형의 분포에 대한 정보를 제공하는 데 활용된다.

2008년에는 2002년의 지속가능한 물 관리 전략이 '토탈 워터마크 - 저수지로서의 도시(Total Watermark - City as a Catchment)' 접근방법을 포함하도록 개정되었고, 현재는 갱신된 지속가능한 물 관리 목표를 통합하고 있다. 이 전략은 이제 생태도시 계획안에 완전히 통합되었다. 지방자치단체가 대응해 왔고, 2020년으로 설정된 물 관리 목표를 달성하기 위해 진행 중이다. 2000~2008년 사이에 노동자들은 48%까지 물 사용을 줄였다. 주민들은 거의 40% 적게 사용했다. 멜버른 시는 28% 적게 사용했다. 그리고 오염 물질은 4% 줄었다.

3. 생태도시 비전의 핵심 양상

2007년 멜버른 시는 이전의 전략적 도시계획 2010(City Plan 2010)을 대체하는 미래 멜버른 계획을 개발하는 과정에 착수했다. 생태도시 프로그램(Eco-City Program)의 일부인 미래 멜버른 계획은 광범위한 이해당사자와 공공의 협의 과정을 거쳐 개발되었다. 멜버른 시는 지역사회단체(Community Reference Group)에게 미래 멜버른 계획의 개발을 옹호하고 안내해주기를 요청했다. 다양한 프로젝트 파트너들이 참여를 요청받았다. 지역사회의 비전이 완성된 계획에 명시되었고, 2020년 이후까지 멜버른 시의 관리, 개발, 방향성의 윤곽을 잡았다.

전략적 파트너십은 상층의 거버넌스에 형성되었다. 멜버른 시의 법률을 기획과 환경법 내에서 환경개선 협약의 통합을 허용하도록 의회 과정을 통해 개정하는 데 빅토리아 주 정부의 지원을 시가 얻고자 했기 때문에 전략적 파트너십이 특히 중요했다. 이는 전체적인 생태도시 비전을 위해 필요한 법적 틀을 만들었다. 오스트레일리아 그린빌딩협회(Green Building Council)는 멜버른 시와 함께 상업용 빌딩의 환경성과를 평가하기 위한 등급 판징(star rating) 틀을 개선하였다. 이는 산업 표준의 준수와 효과적인 에너지 효율성 측정을 확실하게 했다.

국립오스트레일리아은행(National Australia Bank)는 현재 1,200개 빌딩 프로그램을 뒷받침하는 환경개선 재원 메커니즘의 개발로 이어지는 연구에 전문지식을 멜버른 시에 제공했다. 저탄소 오스트레일리아㈜(Low Carbon Australia Ltd)는 멜버른 시와 협력하여 상업용 빌딩의 에너지 효율성 개선을 평가할 수 있는 비용편익분석 도구를 개발하고 있다. 저탄소 오스트레일리아는

또한 시의 1,200개 빌딩 프로그램을 지원하기 위해 국립 오스트 레일리아 은행과 공동 투자를 할 것이다.

4. 성공 요인

생태도시 비전의 적절한 이행에는 특히 전체적인 정책 틀과 관련하여 *보완 전략 접근방법*이 필수적이다.

*법적 지원*은 건전한 경제적 토대 그리고 프로그램을 운영하기 위해 인센티브와 지원을 제공하는 사업 모델에 기반하면서도 프로그램의 활용을 보장하고 지원 과정 안에 정착시키는 데 핵심적이다.

시 공무원과 시민 모두를 위한 접근방법을 포괄하는 데 시 전반의 확신을 구축하기 위해서는 *정치적 리더십*이 중요하다. 멜버른의 경우 생태도시 비전을 장려하는 데 지방정부의 영향력이 컸고, 많은 지속가능성 이니셔티브를 통해 상황을 조성했다.

생태도시 비전에 의해 구상된 결과를 달성하기 위해서는 *파트너십과 전략적 참여*가 필수적이다. 특히 기업 부문, 상층의 거버넌스 그리고 지역주민과의 파트너십이 중요하다.

Page 21: Saskia Van Veen, Dreamstime

Page 41: Rizhao City

Page 45: Bruce Sutherland

Page 47: City of Cape Town

Page 48: Patricia Holmes

Pages 53, 55, 58: EThekwini Municipality

Pages 61, 63, 67: Rizhao City

Page 69: Br Ramana Reddi, Dreamstime

Pages 71, 74: Jnnurm

Pages 77, 79, 83: Andres Luque/ Thane

Page 85: Hiro1775, Dreamstime

Page 87: Anthonyata, Dreamstime

Page 90: Radu Razvan Gheorghe, Dreamstime

Page 93: Alexei Averianov, Dreamstime

Page 95: Tokio TMG

Page 98: City of Portland

Page 101: Patrick Garaon, Nantes Metropole

Page 103: Valery Joncheray

Page 106: MC Blanchard

Pages 109, 111, 114: City of Rejkjavík

Page 117: Photochris, Dreamstime

Page 119: Municipality of Betim

Page 122: Zakidesign, Dreamstime

Page 125: Elena Elisseeva, Dreamstime

Page 127: City of Veracruz

Page 130: Alexandre Fagundes de Fagundes, Dreamstime

Page 133: Loimere, Flickr, CC BY 2.0

Page 135: Diego3336, Flickr, CC BY 2.0

Page 138: Jennie Faber, Flickr, CC BY 2.0

Pages 141, 143, 146: City of Portland

Pages 149, 151, 155: City of Melbourne

감사의 말

ICLEI 세계 사무국의 연구팀은 ICLEI 사무국들의
지원에 감사한다.

아프리카 사무국, 캐나다 사무소, 유럽 사무국,
일본 사무소, 남아메리카 사무국, 멕시코 사무소,
오세아니아 사무소, 남아시아 사무국, 미국 시무소

그리고 지원해준 모든 도시에 감사한다.

다음의 사례 연구자들과 기고자들에게
특히 감사한다.

CEMIG
Betim, Brazil
Agnaldo Fernandes Novaes,
Ronaldo Lucas Queiroz

City of Reykjavík
Reykjavík, Iceland
Gudmundur Fridriksson

City of Toronto
Toronto, Canada
David MacLeod,
Vesna Stevanovic-Briatico

City of Rizhao
Rizhao, China
Xing Li

Durham University, UK
Thane, India
Andrés Luque

ICLEI Africa Secretariat
Cape Town and Durban,
South Africa
Marlene Laros

National Institute of Urban Affairs
JNNURM, India
Chetan Vaidya

ICLEI Canada
Toronto, Canada
Leya Barry

ICLEI south America Secretariat
Betim, Brazil
Florence Karine Laloë,
Gabriela Alem,
Fabiana Barbi

ICLEI Mexico
Veracruz State, Mexico
Paulina Soto Villaseñor,
Edgar Villaseñor Franco,
Itzel Alcérreca Corte

ICLEI Oceania
Melbourne, Australia
Bernie Cotter,
Hazen Cleary

ICLEI South Asia Secretariat
Thane, India
Laasya Bhagavatula

Ryukoku University
Iida, Japan
Katsutaka Shirairai

ICLEI South Asia Secretariat
JNNURM, India
Ashish Rao Ghorpade,
Ritu Thakur

ICLEI USA
Portland, USA
Art von Lehe

ICLEI World Secretariat
Rizhao, China
Chun-chuan Lin

Local community leader
Betim, Brazil
Erasmo Carlos

**Ministry of Environment
of the State of Veracruz**
Veracruz State, Mexico
Beatriz del Valle Cárdenas,
Isabel Martínez García

Nantes Métropole
Nantes, France
Thomas Quréo

University of Toyama
Tokyo, Japan
Kazumasu Aoki

세계 지속가능발전 도시

초판1쇄 발행 • 2014년 10월 5일

지은이 • ICLEI(Local Governments for Sustainability)
옮긴이 • 오수길 외
펴낸이 • 이재호
펴낸곳 • 리북
등 록 • 1995년 12월 21일 제13-663호
주 소 • 경기 파주시 광인사길 68 2층 (문발동)
전 화 • 031-955-6435
팩 스 • 031-955-6437
www.leebook.com

정 가 • 12,000원

ISBN 978-89-97496-26-6